대이직 시대

대이직 시대

발행일 ; 제1판 제1쇄 2024년 2월 13일
지은이 ; 윈티드랩 발행인·편집인 ; 이연대
CCO ; 신아람 에디터 ; 백승민, 김혜림
펴낸곳 ; ㈜스리체어스 _ 서울시 중구 퇴계로2길 9-3 B1
전화 ; 02 396 6266 팩스 ; 070 8627 6266
이메일 ; hello@bookjournalism.com
홈페이지 ; www.bookjournalism.com
출판등록 ; 2014년 6월 25일 제300 2014 81호
ISBN ; 979 11 93453 14 8 03320

북저널리즘은 환경 피해를 줄이기 위해
폐지를 배합해 만든 재생 용지 그런라이트를 사용합니다.

BOOK
JOURNALISM

대이직 시대

원티드랩

; 결국 대이직 시대에 살아남는 회사가 되기 위해서는 회사와 근로자 간의 관계가 달라졌다는 것을 인정할 필요가 있다. MZ세대가 경제 활동의 주축이 되기 시작했고, 이들에게 회사와 근로자 관계는 더 이상 가족적이지 않다. 오히려 계약적 파트너십으로 보는 것이 타당하다.

차례

프롤로그

직장과 직장 사이에서
그들이 찾는 것

이 책은 '대이직 시대', 즉 이직이 하나의 커다란 사회 현상으로 자리 잡은 최근의 흐름을 다룬다. 본격적인 이야기를 시작하기에 앞서, 독자 여러분이 자신의 이직 욕구를 확인해 볼 수 있도록 〈이직 체크리스트〉를 준비했다. 나에게 해당하는 문항이 몇 개인지 체크해 보자.

CHECK LIST: 이직, 할까 말까?

□ 지금 직장에서 5년 이상 근무했다.

□ 출근도 하기 전에 퇴근하고 싶은 날이 많다.

□ 새로운 직무에 도전해 보고 싶다.

□ 지금 직장에서 나의 미래를 상상하기 어렵다.

□ 회사에서 웃는 게 웃는 게 아니다.

□ 연봉 인상률이 마음에 들지 않는다.

□ 출퇴근길에 원티드와 같은 채용 플랫폼을 종종 본다.

□ 직장 동료나 상사 때문에 스트레스를 많이 받는다.

□ 주변에서 이직 소식이 들려오면 괜히 불안해진다.

□ 회사가 나의 성장에 관심이 없는 것 같다.

□ 회사에서 보내는 시간이 인생의 낭비처럼 느껴진다.

□ 지금보다 더 주도적으로 일하고 싶다.

□ 회사에서 배울 만한 사람을 찾을 수 없다.

□ 내가 하는 일에 보람이나 애정을 느끼지 못한다.

□ 회사의 발전 가능성이 보이지 않는다.

□ 오랫동안 승진을 하지 못했다.

□ 직장 동료와 이직 이야기를 자주 한다.

□ 회사의 조직 문화나 제도가 나와 맞지 않는다.

□ 회사의 방향성을 몰라서 답답하다.

□ 스트레스로 인해 건강이 급격히 나빠졌다.

0~5개: 지금 다니는 회사와 잘 맞는 편이라고 할 수 있다. 앞으로 이 회사에서 어떤 성과를 거둘 수 있을지 적극적으로 고민하고, 구체적인 목표를 설정해 보자. 회사와 함께 쑥쑥 성장할 수 있을 것이다.

6~10개: 직장 생활에 완벽하게 만족하지는 않지만, 회사와 더 가까워질 가능성이 있어 보인다. 당분간 회사에 머물면서 지금 느끼는 문제점들을 해결할 방법을 모색해 보는 건 어떨까? 물론 언제 좋은 기회가 올지 모르니, 이력서나 포트폴리오를 틈틈이 업데이트해 두기를 권한다.

11~15개: 직장 생활에 빨간불이 켜진 당신, 본격적으로 이직을 준비할 타이밍이다. 이력서를 언제든 제출할 수 있게끔 완

성해 두고, 마음에 드는 회사가 있다면 망설이지 말고 지원해
보자.

16~20개: 당장이라도 사직서를 낼 준비가 됐다. 이직 준비도
좋지만, 우선 몸과 마음의 건강을 먼저 챙기는 것이 시급해 보
인다. 휴식을 충분히 취한 후, 지금까지의 경험을 바탕으로 나
에게 맞는 회사를 신중하게 골라 보자.

총 몇 개 항목에 체크했는가? 원티드 유저 1900여 명을
대상으로 조사한 결과, 48.6퍼센트의 응답자가 이직 체크리
스트에서 11개 이상의 항목에 체크했다. 절반에 가까운 응답
자가 현재 직장에 불만족하며, 이직을 적극적으로 고려하고
있다는 의미로 해석할 수 있다.

한편 가장 많은 사람이 체크한 항목은 바로 '4. 지금 직
장에서 나의 미래를 상상하기 어렵다'였다. 과연 그들은 어떤
이유로 현 직장에서 미래를 그리기 어렵다고 판단한 걸까? 그
들이 직장에서 그리고자 하는 미래는 어떤 모습일까? 《대이
직 시대》는 이런 질문에 대한 답을 찾아간다.

현재 이직 트렌드의 중심에 있는 것은 'MZ세대'로 불리
는 2030 직장인이다. 이들은 취업난 속에서 전례 없는 스펙
전쟁과 경쟁률을 뚫고 입사했음에도, 직장 생활이 마음에 들

이직 체크리스트 설문 결과

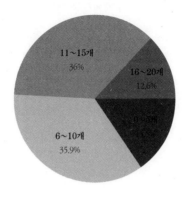

11~15개
36%

16~20개
12.6%

6~10개
35.9%

* 출처: 원티드랩

지 않는다면 1년도 채우지 않고 다른 직장을 찾아 나서곤 한다.

이런 상황 속에서 기업들은 기껏 채용한 인재를 놓치지 않기 위해, 그리고 잠재적 지원자들의 마음을 사로잡기 위해 고민하기 시작했다. 기업 사이에서 'MZ세대가 진짜 원하는 것'을 찾는 일이 큰 과제 중 하나가 됐다고 해도 과언이 아니다. 특히나 팬데믹과 경기 불황을 지나며 일을 둘러싼 변화가 가속화하는 상황에서 인재들의 니즈를 발 빠르게 캐치하는 것이 더더욱 중요해졌다.

원티드랩은 그동안 채용 플랫폼 원티드를 운영하며 지

원부터 합격, 연봉 협상까지 채용 전 과정을 아우르는 독자적인 데이터를 쌓아 왔다. 이 책에서는 이와 같은 데이터와 함께 HR 업계의 최전선에서 서비스를 운영한 경험을 바탕으로 이직 트렌드의 흐름을 정리했다. 또한 원티드랩 내·외부의 HR 전문가와 더불어 대이직 시대를 살고 있는 직장인들의 의견을 수집해 데이터로 전할 수 없는 생생한 현장의 목소리를 담아냈다. 이를 통해 2030 세대가 직장과 직장 사이에서 무엇을 찾는지 파악하고, 우리 기업에 필요한 인재 확보 전략을 세울 수 있을 것이다.

이 책이 HR 업계에서 인재 확보 전략을 고민하는 이들은 물론, 나답게 일하기 위한 길을 찾고 있는 모든 이에게 보탬이 되길 바란다.

1 지금은 대이직 시대

대이직 시대의 증거

1997년생 나일해 씨는 요즘 한창 이직 준비 중이다. 신입으로 입사한 후 4년이 지난 지금이야말로 이직할 타이밍이라는 생각이 들었기 때문이다. 함께 입사한 동기들은 이미 절반 이상 다른 곳으로 일터를 옮겼고, 일찍 커리어를 시작한 대학 동기는 벌써 세 번째 직장에 다니고 있다. 더 좋은 조건의 직장을 찾아 망설임 없이 떠나는 동료들을 보며, 나일해 씨는 조급한 마음에 포트폴리오 정리를 서두른다.

나일해 씨의 사례에서 알 수 있듯이 최근 이직은 일시적인 유행을 넘어 하나의 사회 현상으로 자리 잡았다. 이는 단순히 사람들이 이전보다 이직을 더 많이 한다는 것 이상을 의미한다. 이직에 대한 인식과 이직하는 방식 모두 확연히 달라졌다. 그 증거를 기업과 구직자 사이의 데이터에서 찾아보았다.

직장인들의 '이직할 결심'

첫 번째 증거는 커져 가는 직장인들의 이직 욕구다. 우선 이직과 퇴사에 대한 관심도를 간단히 살펴보자.

빅데이터 콘텐츠 구독 플랫폼 'KPR 인사이트 트리'가 이직과 퇴사에 관한 온라인상의 언급량을 분석한 결과[1], 2022년 전체 언급량은 13만 2000건으로 2020년(6만 4000건)

의 두 배를 웃도는 것으로 나타났다. 3년 사이 이직과 퇴사에 대한 관심이 두 배 수준으로 커진 것이다.

직장인들을 대상으로 한 이직 의향 조사에서는 더욱 직접적인 증거를 찾을 수 있다. 시장 조사 전문 기업 '엠브레인 트렌드모니터'가 2023년 1월 발표한 자료[2]에 따르면, 전국 만 19~59세 직장인 1000명 중 약 55퍼센트가 현재 이직할 의향이 있는 것으로 나타났다. 특히 2030 세대의 이직 의향이 강한 편(20대 66.4퍼센트, 30대 61.6퍼센트, 40대 53.2퍼센트, 50대 39.6퍼센트)이었다.

이직을 고려하는 사람이 이토록 많다면, 이를 실제 행동으로 옮기는 사람은 얼마나 될까? 원티드의 채용 지표에 따르면 2021년부터 2023년 상반기까지 원티드 유저들의 전체 지원 건수는 계속 증가하는 추세다. 점점 더 많은 사람이, 더 적극적으로 이직을 시도하고 있다는 의미다.

기업과 구직자는 밀당 중

대이직 시대의 증거는 기업과 구직자 사이의 관계 변화에서도 찾아볼 수 있다. 경영 환경이 변함에 따라 기업들은 예전처럼 신입 사원을 대규모로 뽑아 자원을 투입하며 교육할 시간이 없어졌다. 대신 상황에 맞게 그때그때 필요한 인재를 채용해 실무에 바로 투입하는 것을 선호하게 됐다. 최근 몇 년 사

현 직장에서의 이직에 대한 생각

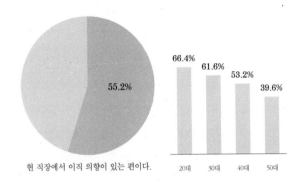

55.2%

현 직장에서 이직 의향이 있는 편이다.

66.4% 20대
61.6% 30대
53.2% 40대
39.6% 50대

* 출처: 엠브레인 트렌드모니터

2021~2023년 상반기 원티드 지원 수 추이

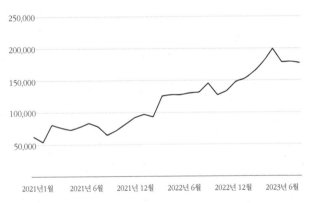

* 출처: 원티드랩, 단위: 건

이 주요 대기업이 줄줄이 공채를 폐지하며 채용 시장의 흐름
은 경력직 수시 채용 중심으로 방향을 굳혔다.

　　이런 변화에 따라 구직자 입장에서는 역량이 충분하다
면 자신이 원하는 조건에 따라 짧은 주기로 직장을 이곳 저곳
옮겨 다니는 '잡 호핑Job-Hopping'이 가능해졌다. 인재들의 이동
이 활발해지면서 기업들은 지원자가 제 발로 찾아오길 기다
리기보다, 조직에 필요한 사람을 적극적으로 탐색하기 시작
했다. 기업 쪽에만 선택권이 있는 일방적인 관계에서 벗어나
수평적인 관계에 가까워진 것이다.

진화하는 채용 시장

기업과 구직자의 관계 변화에 발맞추어 이들을 대상으로 한
채용 서비스 또한 변화했다. 단순히 기업의 채용 공고를 광고
해 주는 데서 나아가, 구직자들이 원하는 직장을 탐색할 수 있
는 기반을 적극적으로 마련하기 시작한 것이다. 대표적인 변
화가 바로 '채용 매칭 모델'의 등장이다. 구직자들에게는 잘
맞는 회사를, 기업에는 조직에 적합한 인재를 효율적으로 찾
아주는 방식을 말한다.

　　채용 플랫폼 원티드는 지난 2015년 '지인 추천'으로 시
작해 2017년에는 'AI 매칭'이라는 새로운 시스템으로 채용
시장에 도전장을 던졌다. AI 매칭은 매칭 데이터와 합격 데이

터 등 방대한 데이터를 분석해 구직자의 이력서와 기업의 채용 공고 사이에서 합격률을 예측해 준다. 원티드랩은 지원부터 합격까지 채용 전 과정에 이르는 데이터 600만 건을 수집해 AI 매칭 기술을 고도화하는 기반을 마련했다. 그 결과 일반 지원보다 약 네 배 이상 높은 합격률을 달성하는 성과를 거둘 수 있었다.

원티드를 필두로 여러 채용 플랫폼이 서로 잘 맞는 회사와 인재를 찾아 매칭해 주는 맞춤형 솔루션으로 거듭나기 시작했다. 국내 채용 매칭 시장은 2025년까지 연평균 7.6퍼센트 성장할 것으로 분석된다.[3] 직장인들의 이직 욕구와 기업들의 수시 채용 기조가 이어지는 한, 채용 매칭 시장은 성장을 거듭할 전망이다.

한편 다양한 역량을 지닌 인재가 이직 시장에 나옴에 따라 이들을 겨냥한 채용 플랫폼 또한 진화하고 있다. 개발자, 긱워커(프리랜서), 고액 연봉자 등 타깃을 세분화한 채용 서비스가 다수 등장하는 상황이다. 프리랜서 매칭 플랫폼 '원티드 긱스', 생산·기능직 전문 채용 플랫폼 '고초대졸닷컴', 억대 연봉 전용 채용 서비스 '리멤버 블랙' 등이 각자 타깃별 수요를 촘촘하게 공략하며 대이직 시대의 흐름에 기여하고 있다.

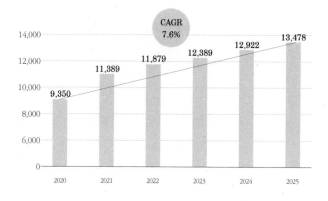

2020~2025년 채용 매칭 시장 규모 추이

CAGR
7.6%

14,000
12,000
10,000
8,000
6,000
0

9,350   11,389   11,879   12,389   12,922   13,478

2020   2021   2022   2023   2024   2025

* 출처: 원티드랩, 단위: 억 원

대이직 시대의 주인공

2030은 10년째 이직 중

그렇다면 대이직 시대를 주도하는 것은 누구일까? 앞서서 우리는 엠브레인 트렌드모니터의 조사를 통해 2030 세대 사이에서 이직 의향이 강하다는 사실을 확인했다. 실제로도 이들이 이직을 가장 많이 하고 있을까?

대답은 '그렇다'다. 사실 10년 전에도 이미 2030 세대에게 이직은 자연스러운 현상이었다. 2012년부터 2022년까지 10년 동안의 고용노동부의 근속 기간 통계를 살펴보면, 20대[4]는 약 2년, 30대는 약 5년, 40대는 약 8년간 한 직장에 머

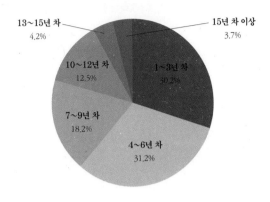

2021~2023년 상반기 연차별 지원 수 비중

- 13~15년 차 4.2%
- 15년 차 이상 3.7%
- 10~12년 차 12.5%
- 1~3년 차 30.2%
- 7~9년 차 18.2%
- 4~6년 차 31.2%

* 출처: 원티드랩

무는 것으로 나타났다. 평균적으로 이 기간이 지나면 다른 직장을 찾아 나선다고 볼 수 있으며, 연령이 높아질수록 이직이 줄어든다는 의미로 해석된다.

원티드의 채용 지표도 이를 뒷받침한다. 앞서 살펴본 것처럼 원티드의 전체 지원 건수는 2021년부터 계속 증가하고 있는데, 이렇게 증가하는 지원 수 속에서도 10년 차 미만의 유저들이 특히 눈에 띄는 움직임을 보인다. 2022년부터 2023년 상반기까지의 원티드 입사 지원 건수 중 특정 연차가 차지하는 비율은 다음과 같다. 1~3년 차와 4~6년 차가 60퍼센트 이상을 차지하고, 그다음으로 7~9년 차가 뒤따른다. 10

년 차 미만의 2030 직장인들이 활발하게 이직을 시도하고 있으며, 그중에서도 6년 차 이하가 더욱 적극적이라는 의미로 해석할 수 있다.

통계청의 경제활동인구조사에 따르면, 2023년 5월 기준 20~34세 직장인의 첫 직장 평균 근속 기간은 26개월로 나타났다. 이는 첫 직장을 그만둔 경우와 재직 중인 경우를 모두 포함하는데, 첫 직장을 그만둔 경우만 살펴본다면 평균 근속 기간은 19개월[5]에 불과하다. 입사 후 약 2년이 되면, 대이직 시대의 주인공으로서 이직 시장에 뛰어드는 것이다.

직장인 소셜 플랫폼 '블라인드'의 조사[6]에서도 유사한 결과가 나왔다. 직장인 5만여 명을 대상으로 설문을 한 결과, 응답자의 51퍼센트가 지난 한 해 동안 이직을 시도한 바 있다고 답했다. 연차별로는 1년 이상~5년 미만 사원급 직원의 이직 시도율이 55퍼센트로 가장 높았고, 다음으로는 대리급(5년 이상~9년 미만) 54퍼센트, 신입급(1년 미만) 49퍼센트, 과장급(9년 이상~14년 미만) 48퍼센트 순이었다.

"거 이직하기 좋은 딱 연차네"

10년 차 미만의 직장인들이 이직 시도를 가장 많이 한다면 기업이 선호하는, 즉 이직하기 좋은 연차는 언제일까? 보통 이직하기 좋은 연차로는 3~8년 차가 꼽힌다. 이는 기업이 경력직을 채용하는 이유와 연결된다. 기업은 실무에 바로 투입할 수 있는 숙련된 인력을 확보하려는 목적으로 경력직을 채용하는데, 그 숙련도를 갖추는 데 최소 2년 이상의 기간이 걸린다고 보는 것이다.

3년 차가 되면 일정한 수준의 비즈니스 매너와 업무에 필요한 최소한의 역량을 습득한 것으로 간주되며, 5년 차부터는 실무에 바로 투입할 수 있는 역량을 갖춘 것으로 평가된다. 연차가 올라갈수록 실무 능력과 함께 연봉도 높아진다는 점을 고려할 때, 10년 이상의 고연차에 비해 해당 연차의 연봉은 기업 입장에서 상대적으로 적당한 수준으로 받아들여진다.

기업 정보 플랫폼 '잡플래닛'이 헤드헌터를 대상으로 이직에 유리한 연차를 조사한 결과[7], 헤드헌터들 또한 이직 시장에서 가장 선호하는 연차를 5~7년 차로 꼽았다.

비슷한 맥락에서 종합 비즈니스 플랫폼 '리멤버'가 경력직 스카우트 제안 정보 누적치 200만 건을 분석해 발표한 내용[8]에 따르면, 이직 제안을 가장 많이 받는 연차는 5~8년 차(38.3퍼센트)로 나타났다. 이는 보통 기업에서 대리급으로 분류되는 연차다. 그다음은 과장급에 해당하는 9~12년 차(28.9퍼센트)였으며, 13~16년 차(13.1퍼센트), 1~4년 차(9.8퍼센트), 17년 차 이상(9.6퍼센트) 순이었다.

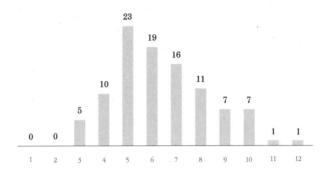

이직에 유리한 연차 조사

* 출처: 잡플래닛, 단위: %

TREND ; 이직도 제철이 있다?

성공적인 이직을 위해서는 언제부터 이직을 준비해야 할까?
월별로 원티드에 등록된 공고 수와 합격자 수를 분석한 결과,
봄이 시작되는 3월부터 한여름인 8월까지가 이직 시즌으로
나타났다.

　　통상적으로 채용 과정에 약 3개월이 소요됨을 고려할
때, 이 중에서 실질적으로 채용 공고가 몰리는 시기는 3~6월
로 볼 수 있다. 기업들이 3월부터 채용을 위해 본격적으로 공
고를 올리고 서류 전형, 면접 전형 등 각종 채용 전형을 진행,
8월이 되면 채용을 마무리하는 것이다. 따라서 성공적인 이

합격자 수와 공고 수의 계절성

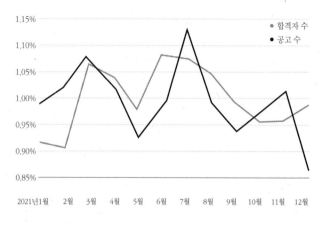

* 출처: 원티드랩

직을 위해서는 이 시기를 놓치지 않는 것이 좋다.

　　잡플래닛의 조사[9]에 따르면, 헤드헌터들 또한 사계절 중 봄(3~6월)이 이직하기 가장 좋은 시즌이라고 답했다. 그다음으로는 중견기업의 채용 선호도가 높은 시기이자 휴가를 활용해 면접 일정을 잡기 쉬운 한여름(7~8월)을 꼽았다. 가을은 경력직보다는 신입 공채 시즌이며, 겨울은 한 해 결산 및 내년을 준비하는 시기라 이직이 상대적으로 어려운 시즌이다.

　　이처럼 기업의 경력직 채용이 봄에 몰리는 이유는 이때

가 많은 기업이 지난해 이탈한 인력과 올해 추가로 충원해야 하는 인력을 찾는 시기이기 때문으로 분석된다. 연말까지 인력 충원을 비롯한 한 해 계획을 세우고, 1~2월에 유관 부서와 논의한 후 채용 공고를 내는 흐름으로 이해할 수 있다.

따라서 이직을 희망한다면, 연말 성과 평가 이후 연초까지 포트폴리오와 이력서를 미리 업데이트해 두기를 권한다. 본격적인 이직 시즌이 시작되는 3월부터는 채용 플랫폼을 통해 원하는 기업의 공고가 올라오는지 틈틈이 체크해 보자. 또한 여름 휴가를 전략적으로 활용하기 위해 연차를 아껴 두는 것이 좋다.

다음 챕터에서는 2030 직장인들의 퇴사 이유와 함께, 이직 트렌드에 반영된 이들의 가치관을 알아보고자 한다.

나일해 씨는 막상 이력서를 정리하고 채용 공고를 살펴보다 보니 지금 회사가 나쁘지 않은 것 같다는 생각이 들었다. 업무나 함께 일하는 동료, 워라밸 모두 무난한 편이라 고민 끝에 당분간 이 회사에 계속 다니기로 했다. 그러던 중 어느덧 연봉 협상 시즌이 찾아왔다. 연봉 인상률은 처참했다. 물가 상승률을 감안하면 사실상 연봉이 줄어든 것이나 마찬가지였다. 일해 씨는 문득 '이대로라면 결혼은커녕 대출 이자 갚기도 어렵겠는데?' 하는 생각이 들었다. 몰려드는 위기감에 일해 씨는 이직을 더는 미룰 수 없다고 판단, 관심 있게 지켜보던 회사에 이력서를 넣기 시작했다.

가슴 속 사직서, 왜 던지게 됐을까

직장인의 퇴사 사유는 곧 이직 이유와 연결된다. 나일해 씨의 사례에서 볼 수 있듯이, 첫 직장을 퇴사하는 이유는 주로 '보수'로 나타났다. 통계청 조사에 따르면 15~29세 청년층이 첫 일자리를 그만두는 사유는 주로 '보수, 근로 시간 등 근로 여건 불만족(45.9퍼센트)'이었으며, 그밖에 '임시적·계절적인 일의 완료·계약 기간 끝남(14.7퍼센트)', '건강·육아·결혼 등 개인적, 가족적 이유(14.6퍼센트)' 등이 있었다.[10]

물가가 오르고 지갑이 비어가는 시기에, 매월 통장에 꽂히는 월급은 회사를 옮기겠다는 결정을 할 만큼 중요한 삶의 조건인 것이다. 실제 2030 직장인을 대상으로 퇴사 사유를 조사한 KBS 〈청년층 퇴사에 대한 인식조사 보고서〉[11]에서도, 응답자의 38퍼센트가 보수가 적어서 퇴사했다고 답했다.

이직러가 원하는 것

머니 머니 해도 머니

요즘 직장인들이 더 높은 보수를 찾아서 이직한다면, 과연 그들이 만족할 만한 보수는 얼마일까? 답을 찾기 위해 직장인 커뮤니티에서 이직 시 연봉 인상률을 검색해 보았다. 약간의 의견 차이는 있으나 최소 10퍼센트를 생각하는 추세고, 다소 만족스러운 이직을 위해서는 20퍼센트, 매우 만족스러운 이직을 위해서는 30퍼센트 이상의 인상률을 기대한다는 사실을 알 수 있었다.

이는 기업에서 실제로 제시하는 인상률에 비해 다소 높은 편이다. 기업 정보 플랫폼 잡플래닛의 조사[12]에 따르면, 2023년 기준 헤드헌터와 기업 채용 담당자의 80퍼센트 이상이 경력직 채용 시 연봉 인상률을 '5퍼센트 이상~15퍼센트 미만'으로 예상한다고 답했다. 헤드헌터의 경우 평균 연봉 인상 폭을 '10퍼센트 이상~15퍼센트 미만'이라고 응답한 비율이 57.8퍼센트, 기업 채용 담당자들은 '5퍼센트 이상~10퍼센트 미만'이라고 답한 비율이 83.3퍼센트로 가장 많았다.

헤드헌터·채용 담당자 대상 이직 시 기대 연봉 인상률 조사

헤드헌터   **채용 담당자**

헤드헌터	구간	채용 담당자
	5% 미만	8.3
35.6	5% 이상 ~ 10% 미만	38.9
57.8	10% 이상 ~ 15% 미만	44.4
2.2	15% 이상 ~ 20% 미만	6.9
4.4	기타	1.4

* 출처: 잡플래닛, 단위: %

　직장인들이 생각하는 최소한의 연봉 인상률과 기업이 제시할 수 있는 최대치의 인상률은 10퍼센트 선에서 만나게 된다. 결국 이직을 한다고 해서 대단히 만족스러운 인상률을 기대할 수 없다는 의미다. 그럼에도 직장인들이 연봉을 높이는 수단으로 이직을 선택하는 이유는 무엇일까? 그 답은 이직 시 기대할 수 있는 연봉 상승률과 현 직장에서 가능한 연봉 상승률 간의 격차에서 찾을 수 있다.

　2023년 기준 취업 플랫폼 잡코리아의 '직장인 연봉 협상 현황' 설문 조사[13]에 따르면, 직장인들이 희망하는 연봉 인상률은 평균 7.4퍼센트로 나타났다. 반면 연봉 협상을 마친 직장인들이 말하는 실제 연봉 인상률은 평균 4.6퍼센트로, 희망 수준 대비 2.8퍼센트포인트 낮았다. 다시 말해 애초에 현 직장에서의 연봉 상승률에 대한 기대치가 높지 않으며, 이직 시 요구할 수 있는 최소한의 인상률이 현 직장에서 가능한 인 상률의 두 배에 달하는 것이다.

이처럼 더 나은 보수를 찾아 이직하는 경향은 당분간 더욱 강해질 것으로 보인다. 딜로이트 그룹이 발간한 〈딜로이 트 2023 글로벌 MZ세대 서베이〉[14]에 따르면, MZ세대로 분류 되는 1981~1996년생들이 가장 우려하고 있는 것은 '생계비 (35퍼센트)'로 나타났다. 특히 응답자의 절반 이상이 '매달 빠 듯하게 살고 있다'고 답하는 등 생계에 대한 우려가 크기에, 보수는 앞으로도 이들에게 가장 중요한 이직 사유가 될 수밖 에 없다. 따라서 당장 높은 연봉을 약속하지는 못하더라도, 성 과에 따라 이직 시 연봉 인상률과 비슷한 수준의 인상률을 기 대할 수 있는 환경을 조성한다면 구성원들의 리텐션을 높이 는 데 효과적일 것이다.

최고의 근무 환경은 회사 밖에 있다

앞서 살펴본 KBS 조사에서 직장인들이 퇴사를 결심하는 주 요 이유 중 '근무 환경이 열악해서(22.5퍼센트)'라는 답변이 있었다. 그렇다면 과연 좋은 근무 환경이란 어떤 것일까? '구 성원이 업무에 몰입하고 생산성을 높일 수 있는 환경'으로 정 의할 수 있을 것이다. 몇 년 전까지는 쾌적한 사무실과 최신

팬데믹 이후 선호하는 근무 형태 조사

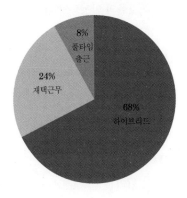

8%
풀타임
출근

24%
재택근무

68%
하이브리드

* 출처: 입소스

업무 장비 등이 좋은 근무 환경을 위한 조건으로 여겨졌다. 그러나 팬데믹을 계기로 직장인들은 사무실 출근 외에도 업무 생산성을 높일 수 있는 여러 근무 형태(원격 근무, 재택근무, 하이브리드 근무 등)가 존재한다는 것을 알게 됐고, 이를 좋은 근무 환경을 구성하는 핵심 요소로 생각하게 됐다.

글로벌 리서치 기업 '입소스Ipsos'의 조사[15]에 따르면 팬데믹 이후의 근무 형태에 대해 직장인 응답자의 68퍼센트는 재택근무와 사무실 출근이 혼합된 하이브리드 근무를, 24퍼센트는 재택근무를 선호한다고 답했다. 풀타임 출근을 원한다고 답변한 응답자는 8퍼센트에 불과했다. 하이브리드 근무를 선호하는 이유에 대해서는 응답자의 85퍼센트가 '통근할 필요가 없고, 돈과 시간을 절약할 수 있기 때문'이라고 답했으며, '더 나은 워라밸(67퍼센트)'과 '더욱 유연한 근무시간(54퍼센트)'도 하이브리드 근무의 주요 이점으로 꼽혔다. 즉 직장인들은 좋은 근무 환경을 위해 기업에 다양한 근무 형태를 요구하고 있다.

한편 취업 정보 사이트 인크루트의 조사[16]에 따르면, 구직자 및 직장인 10명 중 여섯 명은 취업 또는 이직 시 재택근무 여부를 입사 결정에 중요한 요소로 여기는 것으로 나타났다. 취업이나 이직 시 재택근무 제도 여부가 입사 결정에 얼마나 영향을 끼칠지를 묻는 문항에 절반이 넘는 58퍼센트가 '영향이 클 것'이라고 답했다.

다양한 근무 형태가 구성원의 업무 만족도를 높이기 위한 필수 조건으로 자리 잡았지만, 사무실 출근 외 근무 형태 도입에 대한 구성원 간 시각차는 여전히 존재한다. 특히 리더급은 사무실 출근이 가장 효과적이라고 생각하는 경향이 크다. 관련해 입소스가 재택근무와 사무실 출근에 대한 주니어 직원과 시니어 리더 간의 인식 차를 조사한 결과[17], 특히 시니어 리더들은 다른 팀이나 부서의 협업을 위해 재택근무(63퍼센트)보다 사무실 출근(73퍼센트)이 효과적이라고 생각하는 것으로 나타났다.

따라서, '더 나은 근무 환경'을 위해서는 먼저 기업이 다양한 근무 형태를 도입함에 따라 발생할 수 있는 리스크를 최소화하는 시스템을 마련해야 한다. 근무 형태와 상관없이 언제든 원활한 협업을 할 수 있는 시스템을 구축하기 위해 HR SaaS[18] 등 여러 서비스를 적극 도입하는 것이 그 출발점이 될 수 있다.

TREND : 연봉 vs. 컬처핏, 요즘 직장인들의 선택은?

직장인들이 선호하는 회사의 특징을 더욱 구체적으로 알아보기 위해, 원티드가 만든 '직장인 유형 테스트' 결과를 살펴보았다. 컬처핏/보상, 안정성/도전 등에 대한 선호도를 바탕으로 총 16개의 직장인 유형 중 자신이 해당하는 것을 알아보는 테스트다. 2023년 3월부터 4월까지 쌓인 11만 7000여 건의 테스트 응답을 바탕으로 요즘 직장인들이 원하는 회사 생활은 어떤 모습인지 가늠해 볼 수 있었다.

'머니 머니 해도 머니'보다 중요한 것

앞서서 다수의 직장인이 이직 시 보상을 가장 중요하게 고려한다고 했지만, 높은 연봉을 제시한다고 해서 무조건 다니고 싶은 회사로 여기는 것은 아니다. 아무리 연봉이 만족스러워도 조직 문화와 함께 일하는 동료가 잘 맞지 않는다면 직장 생활에 대한 만족도는 떨어질 수밖에 없다.

직장인 유형 테스트 응답자 중 70퍼센트에 가까운 사람이 금전적인 보상보다 복지와 조직 문화, 좋은 동료가 직장 생활 만족도에 더 큰 영향을 준다고 답했다. 인재를 채용할 때는 높은 연봉이 커다란 메리트가 될 수 있지만, 들어온 인재를 유지하는 데는 조직 문화와 팀워크가 관건이라는 의미다. 특히 함께 일하는 사람들과의 '케미'는 직장 생활 만족도에 큰 영향을 주곤 한다. 일례로 원티드랩에서는 구성원 간의 팀워크 개선을 위해 버크만 진단[19] 등과 같은 성향 검사를 통해 구성원들이 서로의 성향을 파악하고 바람직한 갈등 해결 방법을 찾아갈 수 있도록 돕고 있다. 실제로 버크만 팀 빌딩 워크숍을 시행한 결과, 팀원들에 대한 이해도가 이전에 비해 약 45퍼센트 증가했다는 피드백을 얻을 수 있었다.

연봉 외에 성과에 대한 또 다른 보상인 승진은 구성원들의 만족도에 어떤 영향을 줄까? 한때는 승진이 직장을 다니는 보람이자 목적으로 여겨지곤 했다. 지금은 사정이 달라졌다. 요즘 직장인들은 더 이상 관리자가 되는 것을 원하지 않는다. 직책이 높아질수록 책임이 커지는 것이 부담스럽고, 워라밸도 지키기 어렵다는 것이 주된 이유다. 실제로 직장인 유형 테스트 응답자 중 71퍼센트가 여러 사람을 이끄는 리더 대신 자신의 분야에서 확실한 입지를 갖춘 전문가가 되는 쪽을 선호한다고 답했다. 직장에서의 장기적인 미래가 보장되지 않는 요즘, 승진해서 요직을 맡기보다는 개인적인 능력을 키워서 나의 가치를 높이는 데 집중하겠다는 의미로 해석된다. 따라서 연차가 쌓이면 무조건 관리자가 되어야 하는 조직보다는, 구성원들에게 전문가/매니저 등 자신에게 맞는 트랙을 고를 수 있도록 선택권을 주는 조직이 선호도가 높을 것으로 보인다.

TREND ; '조용한 사직'에 이어 찾아온 '시끄러운 사직'

2021년 HR 업계를 강타한 키워드는 바로 '조용한 사직Quiet quitting'이었다. 2021년 미국에서 자발적 퇴사자가 급증하며 시작된 '대퇴사 시대The Great Resignation' 이후 1년 만에 MZ세대를 중심으로 유행한 신조어다.

조용한 사직은 실제로 퇴사를 하지는 않지만, 직장에서 자신이 맡은 최소한의 업무만 하려고 하는 태도를 말한다. 직장에서 열심히 일한다고 해서 자신의 가치가 올라가는 것이 아니며, 업무보다는 직장 밖에서의 삶이 더 중요하다는 것이 조용한 사직의 핵심 메시지다. 여론 조사 기관 '갤럽Gallup'은 미국인 근로자 1만 5000여 명을 대상으로 한 설문 조사[20]를 바탕으로 '미국인 근로자 50퍼센트 이상이 사실상 조용한 사직 중'이라고 밝히기도 했다. 미국뿐만 아니라 우리나라에서도 MZ세대 직장인의 성향을 대표하는 키워드로 조용한 사직이 주목받았다.

그로부터 1년이 흐른 2022년, 새롭게 등장한 개념이 있다. 바로 '시끄러운 사직Loud quitting'이다. 직장 생활에 소극적으로 임하는 데서 그치는 조용한 사직과 달리, 퇴사를 고려 중이거나 앞둔 구성원이 자신이 느끼는 문제를 공개적으로 제기하거나 상사에게 반발하는 등 회사에 대한 불만을 적극적으로 표현하는 것을 가리킨다. SNS 등에 회사에 대한 부정적인 의견이나 퇴사 이유 등을 올리는 행동 또한 시끄러운 사직에 해당한다.

비록 그 형태는 서로 다르지만, 조용한 사직과 시끄러운 사직은 결국 구성원들이 직장 생활에 불만족하고 있으며 회사를 신뢰하지 않는다는 신호로 볼 수 있다. 이를 예방하기 위해 조직은 무엇을 할 수 있을까?

조용하든 시끄럽든, 구성원이 최후의 수단인 '사직'을 선택하지 않도록 평소 불만이나 요구 사항을 솔직하게 이야기할 수 있는 창구를 마련하는 것이 중요하다. 가령 원티드랩에서는 구성원 만족도 조사의 일종인 'eNPS(Employee Net Promoter Score)'를 정기적으로 실행하고 있다. eNPS의 근본이라고 할 수 있는 'NPS(Net Promoter Score)'는 '제품·서비스를 다른 이에게 추천할 의향이 있습니까?'라는 하나의 문항으로 고객 만족도를 측정하는 조사 방식이다. eNPS는 여기에 회사를 대입해 '이 회사를 친구나 동료에게 추천하고 싶습니까?'라는 문항으로 구성원의 조직에 대한 만족도 및 몰입도를 측정한다. 원티드랩에서는 회사를 추천하거나, 추천하지 않는 이유도 조사해 조직 문화나 제도 등에 대한 솔직한 의견을 수집한다. 이렇게 모은 피드백을 전사 미팅을 통해 투명하게 공개하고, 실현 가능한 것부터 문화와 제도에 반영해 나간다. 실제로 유연한 근무를 희망한다는 구성원들의 피드백을 바탕으로 출퇴근 시간을 조정할 수 있는 선택적 근로 시간제와 연차 유급 휴가를 2시간 단위로 쪼개서 휴가를 조금 더 유연하게 쓸 수 있는 반반차 제도를 도입했다.

그 밖에도 많은 기업에서 펄스 서베이[21]와 팀헬스 체크[22] 등을 통해 조직 만족도를 점검하는 추세다. 구성원과의 신뢰 관계를 구축하기 위해서는 이처럼 소통에 대한 의지와 개선 가능성을 적극적으로 보여 주기를 권한다.

INSIGHT ; 요즘 이직러, 어디서 와서 어디로 갈까?

데이터 너머, 진짜 이직러들의 목소리를 들어볼 차례다. 2023년에 이직한 세 사람을 만나 이전 직장을 떠나서 지금의 직장에 합류하기까지의 여정을 물었다. 연차도, 직무도 제각각이지만, 자신만의 기준을 바탕으로 새로운 직장을 찾아가며 성장한다는 공통 분모를 발견할 수 있었다.

Interview 1. 느슨해진 이력서에 긴장감 불어넣기

인터뷰이: 개발자 J(3년 차, IT 스타트업 재직 중)

현재 어떤 일을 하고 있나요?

IT 스타트업에서 프론트엔드 개발자로 일하고 있습니다. 개발자로서는 3년 차지만, 커리어를 시작한 지는 9년 차예요. 2021년 개발자로 직무 전환 후 직전 회사에 합류했고, 두 달전 지금의 회사로 이직했어요.

6년 차에 직무 전환을 하셨군요. 개발자가 되기 전의 커리어는 어땠나요?

원단 회사에서 커리어를 시작해 영업 및 재고 관리 업무를 하다가 패션 회사로 이직한 후 기획과 마케팅, 신제품 개발 등을 맡았어요. 그렇게 일한 지 6년 정도 됐을 때 문득 이대로라면 미래가 불투명하다는 생각이 들었어요. 더 지속 가능하면서도 독립적으로 일할 수 있는 직무를 고민하다가 개발자를 선택하게 됐어요. 부트 캠프를 통해 개발 스킬을 익힌 다음, 바로 그 부트 캠프를 운영한 회사에 개발자로 입사했습니다.

이전 직장에서는 어떤 일을 했으며, 왜 이직을 결심했나요?

이전 직장에 개발자로 입사하긴 했지만 일반적인 개발자와는 다소 다른 일을 했어요. 비전공자나 비개발 직군의 수강생들이 프론트엔드 개발자가 될 수 있도록 교육하는 역할이었거든요. 일종의 강사이자 멘토였어요. 동시에 프로덕트를 만드는 일련의 과정을 관리하는 프로덕트 매니저의 역할도 했어요. 사실상 순수한 개발 실무를 할 기회가 거의 없다 보니 시간이 흐를수록 개발에 대한 갈증이 커졌어요. 결국 회사를 나와 개발사로서 본격적인 커리어를 모색하기 시작했죠.

현재 직장에는 어떤 과정을 거쳐 합류하게 됐나요?

퇴사 후 부족한 실무 경험을 보완하기 위해 혼자 간단한 프로덕트를 만들어 보면서 이직을 준비했어요. 그러던 중 이전 직장에서 교육했던 수강생분의 회사에서 입사 제안이 왔어요. 개발에만 집중할 수 있고 성장할 여지도 충분한 환경이라고 판단해 입사를 결정했습니다.

실제로 입사해 보니 기대와 잘 맞았나요?

너무나 만족스러워요. 입사 후 두 달 동안 그 이전까지 했던 개발 업무를 전부 합친 것보다 더 많은 일을 했을 정도로 개발에 집중하고 있거든요. 성장 중인 스타트업이라 다양한 시도를 해볼 수 있고, 이 방식이 맞는지 하나하나 직접 검증해 가면서 일할 수 있다는 점도 좋고요. 개발자로서 커리어에 부스터를 다는 계기가 될 것 같아요.

J 님만의 커리어 관리법이 있다면 소개해 주세요.

저도 아직 커리어 관리법을 찾는 중입니다만……. (웃음) 매일 성과를 정리하는 습관을 들이려고 노력하고 있어요. 개발자가 이력서 등을 통해서 자신이 했던 일을 설명할 때는 반드시 결과와 성과가 따라붙어야 해요. 성과를 단기간에 몰아서 정리하기는 어려우니, 업무 일지와 같이 일정한 양식으로 하루하루 기록하는 것이 좋죠. 저는 요즘 성과뿐만 아니라 일하면서 발견한 다양한 문제점도 함께 기록하고 있어요. 비효율이나 불편함에 적응해 버리지 않고 문제 해결 방법을 찾아갈 수 있도록요.

J 님에게 이직은 어떤 의미인가요?

느슨해진 이력서에 긴장감을 불어넣는 것. 첫 출근 날부터 다음 스텝을 준비해야 한다고 생각해요. 그 긴장감을 계속 갖고 가지 않으면 막상 이직을 결심했을 때 이력서에 뭘 쓸지 모르게 될 거예요. 직장에서 느슨해졌다는 것, 즉 편안해졌다는 건 더 이상 성장할 수 없다는 의미라고 봅니다. 그럴 때 이직이 성장을 위한 새로운 자극제가 되어 주죠.

Interview 2. 여러 개의 우물을 파기 위해

인터뷰이: 프로덕트 오너(Product Owner) K(11년 차, IT 기업 재직 중)

현재 어떤 일을 하고 있나요?

IT 기업에서 공공 데이터를 활용해 유저들에게 필요한 정보를 제공하는 서비스를 만들고 있습니다. 올해 1월에 지금의 회사에 PO로 합류했어요.

이전 직장에서는 어떤 일을 했으며, 왜 이직을 결심하게 됐나요?

이전 회사에서도 공공 데이터와 관련된 서비스를 만들었어요. 얼마 전까지 핫했던 메타버스 분야의 서비스였는데, 새로운 분야에 도전해 보고 싶은 마음에 입사했어요. 그런데 입사 후 시장 상황이 빠르게 변하면서 메타버스 서비스를 유지하기가 어려워졌죠. 회사에서는 방향성을 틀어서 다른 서비스를 만들기를 원했고, 제가 갖고 있는 역량과 성격이 다른 업무를 기대했어요. 이대로라면 제 역량이 오히려 감소할 것 같다는 생각에 입사 10개월 만에 이직을 결심했습니다.

그다음 스텝으로 지금의 직장을 선택한 이유는 무엇이었나요?

현재 회사의 주력 서비스를 예전부터 사용했었고, 경험이 좋았던 터라 회사에 대한 호감이 있었어요. 제가 직접 서비스를 만들고 개선해 나간다면 재미있겠다는 생각이 들었죠. 무엇보다 이직 당시 저에게 주어진 선택지 중에서 가장 새로운 역할을 해 볼 수 있는 곳이 바로 지금의 회사였어요.

짧지 않은 경력을 갖고 있음에도 새로운 역할을 찾는다는 점이 인상적입니다. 특별한 이유가 있나요?

사실 이 정도 연차가 되면 커리어를 크게 성장시키기가 어려워요. 여기서 개발이나 데이터 분석 스킬을 눈에 띄게 발전시키는 것도 쉽지 않고요. 그래서 완전히 새로운 분야나 역할에 계속 도전하면서 경험의 폭을 넓히는 방법을 선택했어요. PO라는 직무 특성상 한 우물만 파기보다는 여러 우물을 파 두는 것이 장기적으로 경쟁력을 갖추는 방향이라고 생각해요.

새로운 직장을 선택할 때 중요하게 여기는 기준이 있나요?

커리어 초반에는 배울 것도, 하고 싶은 것도 많았기 때문에 다양한 시도를 해 볼 수 있는 작은 규모의 회사를 고집했어요. 반면에 이제는 체계가 있는 회사인지를 중점적으로 고려하게 됐어요. 꼭 지켜야 하는 체계가 존재하는 조직에서만 배울 수 있는 것들이 존재하니까요. 그 밖에도 면접을 볼 때 함께 일할 리더나 동료들의 태도를 유심히 살핍니다. 직원을 찾는지, 아니면 동료를 찾는지 판단하기 위해서죠. 내가 최대한의 퍼포먼스를 낼 수 있을지 알기 위해 일하는 방식에 대한 질문도 많이 하는 편이에요.

K 님만의 커리어 관리법이 있다면 소개해 주세요.

기본적으로 이력서를 꾸준히 업데이트합니다. 프로젝트가 끝날 때마다 제가 기여한 부분을 잘 정리해 두죠. 어떤 배경으로 프로젝트를 기획했으며 다양한 사람과 어떻게 일했는지, 프로젝트 결과가 회사에 어떤 영향을 줬는지 등을 자세히 써요. 그리고 이직 시 기존과 같은 영역의 서비스를 다루는 회사로는 가지 않습니다. 서비스를 만드는 전문가가 되고 싶지, 특정 분야의 전문가가 되고 싶은 건 아니니까요.

K 님에게 이직은 어떤 의미인가요?

나를 확인하는 기회예요. 그 어느 때보다 나의 역량과 시장 가치에 대한 냉정한 평가를 받을 수 있죠. 현재 이직 의사는 없지만, 각종 채용 플랫폼에 이력서를 공개해 두었어요. 종종 이직 제안이 오면 '내가 아직 쓸모 있구나'라고 생각하죠. 반대로 오퍼가 뜸하면 '내 가치가 떨어졌나?' 하고 돌아보게 되고요.

Interview 3. 지금이기에 가능한 모험을 찾아서

인터뷰이: 콘텐츠 디렉터 Y(8년 차, PR 에이전시 재직 중)

현재 어떤 일을 하고 있나요?

PR 에이전시에서 콘텐츠 플랫폼 제작 총괄을 맡고 있습니다. 지금의 회사에는 2023년 6월 코파운더Co-Founder로 합류했어요. 의사 결정과 실무를 병행하며 속도감 있게 일하고 있어요.

이전 직장에서는 어떤 일을 했으며, 이직을 결심한 계기는 무엇이었나요?

직전에는 대기업에서 브랜드 마케터로 일했어요. 커리어를 시작할 때에는 여러 회사를 거치며 콘텐츠 에디터로 일하다가 플랫폼 스타트업에 이직하면서부터 마케팅 분야로 옮겨가게 됐죠. 대기업은 안정적이었지만, '언젠가 이 회사를 나갔을 때 나에게 남는 게 무엇일까?'라고 자문했을 때 혼자서 할 수 있는 일이 거의 없겠다는 생각이 들었어요. 그러던 중 예전 직장에서 함께 일했던 팀장님으로부터 자신이 창업한 회사에서 신사업을 이끌어 보지 않겠냐는 제안이 왔어요. 안정적인 대기업에서 일하는 것과 불안정하더라도 내가 하고 싶은 일을 주도적으로 하는 것 사이에서 고민하다가, 더 늦기 전에 모험을 해보기로 결심했습니다.

이직 후 가장 크게 달라진 점은 무엇인가요?

자기효능감이 확실히 올라갔어요. 대기업에서는 실무자 선에서 의사 결정할 수 있는 범위가 생각보다 훨씬 적더라고요. 지금은 상대적으로 작은 회사에서 더 큰 결정권을 가진 자리에 있다 보니, 다양한 정보를 취합해서 스스로 결정할 수 있는 부분이 많아졌어요.

새로운 직장을 선택할 때 중요하게 여기는 기준이 있나요?

면접에서 회사와 제가 생각하는 콘텐츠의 범위가 서로 잘 맞는지 체크하려 해요. 콘텐츠라는 말이 워낙 광범위하게 쓰이다 보니, 콘텐츠를 만드는 사람의 업무 범위도 회사마다 크게 달라질 수 있거든요. 이 부분을 잘 확인하지 않으면 입사 후에 적응하기가 무척 힘들더라고요.

연차에 비해 이직 경험이 풍부한 편인 것 같습니다. 여기서 오는 장단점이 있다면요?

이직을 여러 번 하면서 업계에서 트렌드가 어떻게 변하는지, 그 안에서 내 커리어를 어느 방향으로 개척해 나갈지 파악할 수 있어요. 반면에 한 회사에 오랫동안 머물다 보면 그 회사의 규칙 안에만 머물게 되고, 바깥세상에 대해 잘 모르는 채로 의사 결정을 할 가능성이 높아지는 것 같아요. 한편으로는 한 회사나 업계에 오랫동안 머물면 네트워크 등의 기반이 단단해진다는 장점이 있죠. 짧은 주기로 이직하면 확실히 네트워크 기반이 약해질 수밖에 없어요.

앞으로의 커리어를 어떻게 계획하고 있나요?

콘텐츠와 관련된 일을 한다는 커다란 방향성을 이어 가려고 해요. 지금은 콘텐츠 디렉디로 일히고 있지만, 에디터로서 커리어가 끊어지지 않도록 꾸준히 외부 기고도 하고 있고요. 결국 회사 안과 밖에서 하는 모든 일이 콘텐츠 노동자라는 정체성 안에서 이뤄지는 것 같아요. 앞으로 또 이직을 하게 된다면, 지금까지처럼 나에게 무언가를 줄 수 있는 회사보다는 내가 지향하는 일과 삶을 이룰 수 있는 회사를 찾아가고 싶어요.

그러기 위해서 지금 나에게 무엇이 중요한지 스스로 계속해
서 물어봐야겠죠.

앞선 장에서 다양한 데이터를 통해 대이직 시대의 주인공과, 이들이 이직을 택하게 된 이유를 알아봤다. 이번 장에서는 조금 더 시각을 넓혀 대이직 시대가 탄생하게 된 사회문화적인 배경을 살펴보려 한다.

대이직 시대의 시작

개발자 확보 전쟁이 쏘아 올린 공

대이직 시대의 시작에는 팬데믹 이후 찾아온 제2 벤처 붐[23]이 있었다. IT 스타트업에 자본이 몰렸고, 매일 어떤 기업이 시드 seed 투자 혹은 시리즈 투자를 받았다는 소식이 뉴스를 장식했다. 실제 '네이버 트렌드'에서 '스타트업 투자' 검색량을 살펴봤을 때 2021년부터 그 수치가 급증한 것으로 나타났다.

제2 벤처 붐을 IT 스타트업이 주도한 만큼, IT 업계의 핵심 인재인 개발자 채용 시장이 가장 뜨겁게 달아올랐다. 기존 IT 시장을 주도하던 '네이버'와 '카카오'의 인재 영입 전쟁에 스타트업들이 뛰어든 것이다. 든든한 투자금으로 무장한 스타트업들은 개발자를 끌어오기 위해 앞다투어 연봉을 인상했다. 가령 '비바리퍼블리카(토스)'는 '전 직장 연봉 대비 최대 50퍼센트 인상 및 스톡옵션 1억 원 부여'를, '당근마켓'은 '개발자 최저 연봉 5000만 원'을, '직방'은 '개발자 초봉 6000만 원'에 더해 경력자 대상의 입사 인센티브인 '사이닝 보너스

네이버 트렌드 내 '스타트업 투자' 검색량 (2016.1.~2023.6.)

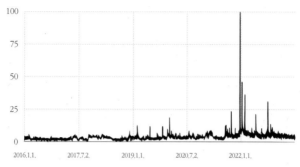

* 출처: 네이버 트렌드. 그래프는 네이버에서 해당 검색어가 검색된 횟수를 일별, 주별, 월별 각각 합산해 조회 기간 내 최다 검색량을 100으로 설정, 상대적인 변화를 나타낸다.

signing bonus'를 최대 1억 원까지 지급하겠다고 선언했다. 네이버와 카카오도 인재 유출을 막기 위해 연봉과 성과급 인상을 단행했다. 구직자들이 가장 선호하는 IT 기업들을 통칭하는 신조어 '네카라쿠배당토(네이버·카카오·라인·쿠팡·배달의민족·당근마켓·토스)'도 이 시기에 생겨났으며, 직장인 커뮤니티에는 고임금을 받는 개발자들의 인증이 잇따랐다.

　　한국 소프트웨어산업협회는 제2 벤처 붐이 개발자를 포함한 소프트웨어 인력의 임금 상승을 동반했다고 밝혔다. 기업들이 투자금을 추가 성장을 위한 우수 인력의 확보와 유지에 주로 사용한다고 본 것이다. 해당 협회가 매년 공표하는

매일경제 PiCK A5면 TOP 2021.12.21. 네이버뉴스
"연봉 2천만원 올려드려요"...개발자 절실한 게임사들 '당근' 쏟아내
대형 게임사들은 정보기술(IT) 업계 개발자 인력난에 적극 대응하고 있다. 넥슨은
선제적인 연봉 인상... 하지만 게임사뿐 아니라 당근마켓 등 유니콘 스타트업과 ...

연합뉴스 PiCK 2021.02.26. 네이버뉴스
"초봉 6천, 이직 보너스 1억"...변호사보다 개발자가 잘나간다(종...
이날 부동산 정보 앱 직방은 '개발자 조봉 6천만원, 경력 사이닝 보너스 최대 1억원
(기존 직장 1년치 연봉)'을... 있는 개발자가 변호사보다 더 좋은 대접을 받는 세...

서울경제 14면 4단 2021.12.28. 네이버뉴스
IT업계가 쏘아올린 개발자 쟁탈전— 유통·제조 등 타 분야까지 '확...
게임업계에서 시작된 개발자 쟁탈전은 곧 IT업계 전반으로 퍼졌고, 유통 금융 등
전통 산업군까지 옮겨... 특히 최근 디지털 전환이 빠르게 이뤄지고 있는 금융, 증...

아시아경제 PiCK 18면 1단 2022.03.28. 네이버뉴스
[1mm금융톡]치솟는 금융권 개발자 몸값...최고봉은 'CSS' 담당
금융권 개발자 몸값이 천정부지로 치솟고 있다. 특히 신용평가모델(CSS)이나 마이
데이터 분석 담당자의 연봉은 '부르는 게 값'이다. 개발자의 능력이 곧 회사의 성...

개발자 연봉 인상을 다룬 기사들

〈SW 인력 평균 임금〉에 따르면 2019~2021년 동안의 소프트웨어 인력 임금의 평균 상승률은 10퍼센트에 달한다.[24]

　IT 업계에서 시작된 개발자 연봉 인상 릴레이는 금융, 증권, 유통 등 전통적인 산업군으로도 이어졌다. 팬데믹으로 인해 전 산업계의 디지털 트랜스포메이션이 가속화되면서 이들 산업군에 속한 기업들도 개발자 영입이 간절해진 것이다. 고연봉을 자랑하던 금융권도 개발 직군의 기본급을 타 직군 대비 적게는 100만 원, 많게는 수백만 원 이상 올려 주며 개발자를 모셔 간다는 이야기가 파다했다.

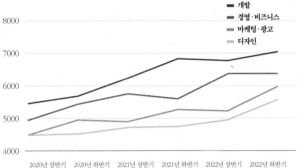

2020~2022년 직군별 평균 연봉 추이

* 출처: 원티드랩, 단위: 만 원

이직 열풍에 부채질한 비개발자들

개발자 연봉이 빠르게 인상되면서 비개발 직군의 연봉도 함께 올라갔다. 개발자 수준까지는 아니더라도 지금보다 높은 연봉을 받기 위해 IT 업계로 옮겨가는 직장인의 행렬이 시작됐기 때문이다.

원티드 데이터를 살펴봤을 때, 실제로 비개발 직군의 직장인들 또한 이직 시장에 뛰어듦으로써 개발자와 비슷한 수준 혹은 그 이상으로 연봉을 높인 것으로 나타났다. 개발 직군과 더불어 이직자가 많았던 경영·비즈니스, 디자인, 마케팅·광고 등 네 개 직군 모두 불과 3년 만에 평균 연봉의 앞자리가 달라졌다. 같은 시기 직군별 평균 연봉 상승률을 살펴보면 실질적인 연봉 인상률은 오히려 개발 직군(4.83퍼센트)에 비해 경영·비즈니스(5.35퍼센트), 마케팅·광고 직군(5.77퍼센트)이 더 높다는 사실을 알 수 있다.

투자금은 물론 성공에 대한 기대와 희망으로 가득한 제 2 벤처 붐을 맞이한 기업들은 더 큰 성장을 위해 추가 인력 채용에 나섰고, 이에 따라 비개발 직군의 이직 시장도 활황을 맞았다. IT 업계로 빠져나간 구성원의 자리를 채우기 위해 여타 업계 또한 채용에 나설 수밖에 없었다. 바야흐로 직군을 가릴 것 없이 이직이 당연해진 대이직 시대가 도래한 것이다.

여전히 이직은 계속된다

그러나 꿈 같던 시간도 잠시, 제2 벤처 붐의 정점이 지나고 현재 스타트업들은 투자 빙하기를 맞고 있다. 그렇다면 대이직 시대도 끝을 향해 달려가는 것일까? 답은, '그렇지 않다'. 제2 벤처 붐이 대이직 시대에 크게 기여한 것은 사실이지만, 대이직 시대는 이미 잠깐의 유행을 넘어 계속될 수밖에 없는 현상으로 자리 잡았다. 사람들이 이직을 바라보는 방식에 본질적인 변화가 생겼기 때문이다.

옛말이 되어 버린 평생직장

한 직장에 최대한 오랫동안 다니며 정년을 채우는 것이 직장인 대부분의 목표이던 시절이 있었다. 그러나 요즘 직장인들에게 평생직장이라는 말은 더는 유효하지 않다. 잡코리아가 직장인들을 대상으로 현재 직장을 평생직장이라고 생각하는지 조사한 결과, 80퍼센트 이상이 '그렇지 않다'고 답했다.[25]

과거 직장인들은 열심히 일해서 성과를 내면 제때 승진할 수 있었다. 그들에게는 이 회사에 오래 남을 수 있다는 확신도 있었다. 반면에 지금은 아무리 최선을 다한다 해도 회사는 직원들의 미래를 보장하지 않는다. 당장 몇 년 후에 내 자리가 남아 있을지도 미지수고, 자신이 속한 산업이나 직군이 언제까지 살아남을지도 알 수 없다. 자연스레 현재 몸담은 조직에 미래를 맡기기보다는 여러 직장에서 다양한 경험을 쌓고 능력을 키워 앞길을 스스로 개척하려는 사람이 많아졌다. 결국 한 회사에서 능력을 인정받고 승진하는 것 이상으로 '커리어패스를 통해 어떤 역량을 쌓고 얼마나 성장하는지'가 중요해진 것이다.

이직자가 곧 능력자인 시대

얼마 전까지만 해도 자주 이직하는 사람을 '부적응자' 혹은 '끈기없는 사람'이라고 여기곤 했다. 그러나 이제는 오히려 뛰어난 능력을 갖춘 인재로 바라보는 경우가 많다. 이직이 잦다는 것은 그만큼 많은 회사의 선택을 받았으며 경험의 폭도

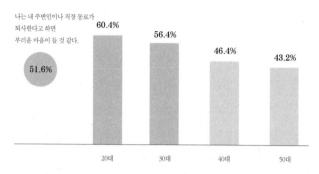

퇴사 관련 전반적 인식 평가

나는 내 주변인이나 직장 동료가
퇴사한다고 하면
부러운 마음이 들 것 같다.

51.6%

60.4% 56.4% 46.4% 43.2%

20대 30대 40대 50대

* 출처: 엠브레인 트렌드모니터

넓다는 의미이기 때문이다. 실제로 짧은 주기로 이직을 반복하며 단기간에 연봉을 크게 올리거나 성공적인 커리어 패스를 만드는 사례가 늘면서, 이직은 도피가 아닌 도약으로 여겨지게 됐다.

이직과 직결되는 퇴사에 대한 인식도 마찬가지다. 2030 직장인 사이에서는 누군가의 퇴사를 축하하고, 심지어 부러워하는 분위기가 형성됐다. 엠브레인 트렌드모니터의 조사[26]에 따르면 연령과 직급이 낮을수록 주변인이나 직장 동료의 퇴사를 부러운 시선으로 바라보는 것으로 나타났다.

마찬가지로 KBS의 조사 결과, 최근 2년 이내 자발적 퇴사를 경험한 2030 응답자 중 70퍼센트 이상이 퇴사에 대해 긍정적인 이미지를 갖고 있었다.[27] 단, '퇴사 이후 특별한 계획이 없더라도 퇴사를 할 수 있는가?'라는 질문에는 절반 이상이 '그렇지 않다'고 답했다. 즉 이직이나 학업, 창업 등 다음 스텝이 확실히 정해져 있다는 전제하에 퇴사를 긍정적으로 생각한다는 뜻이다. 퇴사 또한 이직과 마찬가지로 더 나은 미래를 위한 발판으로 여겨지는 셈이다.

성장을 위한 이직에서 생존을 위한 이직으로

이처럼 스스로 앞날을 개척하고 자신의 가치를 높이기 위해 이직하는 직장인이 있다면, 대이직 시대의 한편에는 생존을 위해 이직하는 이들도 있다. 최근 스타트업 투자 빙하기가 오면서 많은 회사의 미래가 불투명해지자 생존에 위협을 느낀 일부 직장인들은 더 안정적이고 미래가 보장된 직장을 모색하기 시작했다.

2022년까지만 해도 당장 연봉을 많이 준다면 대기업에서 초기 스타트업으로 이직하는 것을 망설이지 않는 분위기였다면, 2023년에 들어서는 이직할 회사의 수익 구조와 안정성 등을 꼼꼼히 따지는 경우가 많아졌다. 원티드의 〈직장인 유형 테스트〉에서도 응답자 중 상당수가 선호하는 직장에 관한 수식어로 '도전', '최초', '세상에 없던' 등 대신 '유명한', '안정적인' 등을 선택했다.

이런 추세에 따라 채용 플랫폼에서도 구직자의 니즈needs를 반영해 채용 정보를 제공하기 시작했다. 원티드에서는 100억 원 이상 투자를 받은 55개 기업의 채용 공고를 모아 '100억 투자 유치 기업 전용관'을 운영했다. 구직자들이 최근 대규모 투자를 받고 우수 인력을 확보하려는 기업을 한눈에 볼 수 있도록 한 것이다. 그 결과 전용관 참여 기업의 지원자 수가 미참여 기업 대비 2.8배 높게 나타났다. 탄탄한 자금력을 갖춘 회사를 선호하는 구직자들의 심리가 반영된 것으로 해석된다.

이렇듯 변동성이 큰 경제 상황과 일하는 문화 및 이직에 대한 전반적인 인식 변화는 대이직 시대라는 흐름을 낳았다. 구직자들이 자신이 원하는 것을 적극적으로 쫓기 시작한 이상, 이 커다란 흐름은 당분간 계속될 것으로 보인다.

INSIGHT: 대이직 시대에 기업이 살아남는 법

글: 이형근 (온오프믹스 인사팀장,《나는 인사팀 직원입니다》저자)

채용 업무만 10년째, 한결같이 사람을 구하는 일을 해왔다. 그러나 지금껏 이렇게 당황스러웠던 적은 없다. 이렇게까지 사람을 구하기가 어렵다니. 그런데 이것이 단순히 한 기업의,

한 담당자의 문제 때문인 것일까?

시작은 개발자 채용이었다

구인난의 시작은 개발자 채용이었다. 팬데믹의 시작을 전후해 채용 시장에서 경력직 개발자 찾기가 하늘의 별 따기가 됐고, 자연스럽게 개발 인력의 폭발적인 인건비 상승이 이어졌다.

부족한 개발 인력을 충당하기 위해 자금이 풍부한 기업들은 높은 연봉과 화려한 복지 제도로 시장의 경력직들을 빨아들였다. 반면 상대적으로 자금이 부족하고 복지가 빈약한 중소기업과 스타트업들은 대기업과 유니콘에 대항하지 못하고 부족한 인력을 어떻게든 채우기 위해 신입으로 시선을 돌렸다.

하지만 신입도 인재 유치 경쟁이 치열하기는 매한가지였다. 경력직에서 시작된 인건비 상승은 신입으로까지 이어졌고, 구직자의 눈높이는 자연스럽게 높아졌다. 어느새 개발자뿐 아니라 기획자, PM(Product Manager), PO(Product Owner) 등 다양한 직무로 구인난이 확산했다. 기업들은 구직자의 눈높이를 맞추기 위해 연봉뿐 아니라 재택근무부터 시간 단위 연차 제도, 리프레시 휴가, 근속 포상 등의 복지 혜택을 늘려 나갔다.

그러던 중, 반전이 왔다. 팬데믹 기간 동안 시장에 풀렸던 현금이 전 세계적인 인건비 상승과 물가 상승을 초래했고, 이에 위기감을 느낀 미국은 2022년부터 공격적인 금리 인상을 단행했다. 시장에 풀렸던 현금은 빠르게 회수되었고 투자 시장은 빙하기에 접어들었다. 공격적으로 사업을 확장했던 많은 IT 기업이 구조 조정을 단행했으며, 고임금 경력직 개발자들이 채용 시장에 다시 등장하기 시작했다.

그동안 개발자 채용에 애를 먹던 중소 규모의 기업에 드디어 기회가 찾아오는 듯했다. 촉망받던 IT 기업들의 구조 조정 소식이나 해외 빅테크 기업들의 대규모 레이오프lay-off 소식이 들려올 때마다 기대감은 커졌다. 짧은 기간 동안 감당하기 어려울 만큼 올랐던 인건비도 어느 정도 원래 자리로 돌아오고, 드디어 그토록 갈구하던 인력을 구하기도 조금은 쉬워질 것이라는 기대였다.

결론부터 말하자면 개발자의 몸값은 떨어지지 않았다. 한국 소프트웨어산업협회의 조사에 따르면 소프트웨어 기술자의 평균 임금은 2021년에는 전년 대비 2.6퍼센트[28], 2022년에는 6.9퍼센트 상승했다.[29] 여전히 주변에서는 개발자를 구하지 못한 채용 담당자들의 한숨이 들려오고, 구직자들의 기대 연봉은 작은 기업에 부담이 되는 수준이다.

예견되는 인력난, 계속되는 도전

비단 개발 인력만의 문제가 아니다. 시장에 사람이 없어지고 있다. 한국고용정보원의 조사에 따르면 2030년까지 320만 명의 생산 가능 인구가 줄어들 것으로 예상된다.[30] 낮은 출산율로 인해 경제 인구로 편입되는 인구보다 노령으로 인해 은퇴하는 인구가 압도적으로 높은 것이다. 2023년을 기점으로 전체 인구의 10퍼센트 이상을 차지하는 베이비부머 세대의 경제 활동 이탈은 가속화될 것이다.

미국과 유럽 선진국들은 이미 오래전부터 낮은 출산율 문제를 안고 있었다. 그로 인한 경제 인구 감소는 '실업률 감소-임금 인상-인건비 상승-물가 상승-임금 인상'이라는 인플레이션 나선을 낳았다. 머지않아 이와 같은 현상이 한국에서도 나타나게 되는 것은 아닐까? 한번 높아진 인건비는 구직자의 기대 임금을 이미 높여 놓았고 인력풀은 시간이 갈수록 줄어들 것이다. 시장은 수요와 공급의 법칙에 의해 구직자의 기대 임금을 충족시켜 주는 형태로 흘러갈 가능성이 높다. 그렇다면 상황이 어려운 기업들은 계속해서 더 큰 도전에 직면하게 될 것이다. 시간이 갈수록 높아지는 구직자의 눈높이에 맞춰야 하는 도전.

직장인들의 생존 공식이 달라졌다

경제적인 관점에서 벗어나서 보더라도, 기업들이 새로운 채용 전략을 모색해야 할 때가 온 것은 분명하다. 직장인들의 생존 공식이 달라졌기 때문이다. 일반적인 회사의 정년은 기껏해야 60에서 65세다. 기대 수명이 120세까지 늘어날 것이라 예상되는 현세대에게 인생 2막은 선택이 아닌 필수가 되었다. 직장에 들어가더라도 반드시 그 이후의 먹고살 문제에 대해 고민해야 하는 것이다.

과거에는 회사가 정해 주는 업무를 회사가 원하는 방식으로 따라가면 정년이 보장되고 노후에도 먹고사는 데 큰 문제가 없었다. 하지만 더는 그런 안정적인 루트가 없는 상황에서 개개인은 모두 1인 기업이자 1인 브랜드가 되어야 하고, 그에 맞게 '나'라는 기업의 CEO로서 필요한 성장 로드맵을 능동적으로 그려 가야 한다. 이런 이유로 요즘 직장인들은 회사가 지시하는 업무를 무조건 수행하기보다는, 내가 경험해야 하거나 하고 싶은 일과 그렇지 않은 일을 구분하며 이 역할이 자신에게 맞는지 수시로 점검한다.

갑을 관계가 아닌 파트너 관계로

결국 대이직 시대에 살아남는 회사가 되기 위해서는 회사와 근로자 간의 관계가 달라졌다는 것을 인정할 필요가 있다. 과거의 회사는 가족과 같은 일종의 집단 공동체 개념이 강했고, 그 속에서 대표나 직장 상사는 일종의 위계를 가진 친척과 다를 바 없었다. 하지만 이제는 모든 것이 달라졌다. MZ세대가 경제 활동의 주축이 되기 시작했고, 이들에게 회사와 근로자 관계는 더 이상 가족적이지 않다. 오히려 계약적 파트너십으로 보는 것이 타당하다.

현재 채용 결정 권한을 가진 사람들은 대부분 회사가 '갑'인 채용 시장을 뚫고 취업에 성공했고, 확장적 가족의 형태를 가진 조직 속에서 성장했다. 평가자가 된 지금, 그들은 어쩌면 회사에 찾아온 지원자들을 예전의 경험에 기반해 바라보고 있을지도 모른다. 그렇기 때문에 요즘 MZ세대는 도통 다르다며, 제대로 된 사람을 뽑기 어렵다는 말이 많이 들려오는 것일지도 모르겠다.

하지만 이제는 이들이 대세임을, 또한 사회와 경제의 구조가 급속도로 변해 가고 있음을 받아들여야 할 때다. 인구 감소로 인력풀은 줄어들고 구직자들은 꼭 이 회사가 아니어도 먹고살 수 있으며 회사에서의 성공보다 장기적인 인생에서의 성공에 더 목마르다. 기업들은 구직자를 '을'이 아닌, 서로 니즈를 맞춰 가야 할 전략적 파트너로 바라볼 필요가 있다. 대이직 시대에 맞는 채용 전략은 이 파트너들이 진정 원하는 것이 무엇이며, 회사가 그들을 얻기 위해 해야 할 일은 무엇인지 고민하는 데에서 출발할 것이다.

대이직 시대의 HR, 어떻게 흘러가고 있을까

대세는 핀셋 채용

대이직 시대를 맞은 기업들은 어떻게 인재를 채용하고 있을까? 요즘 기업들은 특정 시기에 집중적으로 많은 사람을 뽑기보다, 그때그때 필요한 인력을 정교하게 검토해 그 자리에 꼭맞는 사람을 채용하는 '핀셋 채용'에 주력하는 모습이다.

기업 HR 담당자 100여 명을 대상으로 진행한 설문 결과에 따르면, 공개 채용 없이 수시 채용만 진행하는 기업의 비율이 70퍼센트를 넘어섰다. 주된 인재 채용 사유로는 '사업 확장 등에 따른 신규 인력 채용(49.5퍼센트)'과 '기존 인력 퇴사로 인한 충원(44.6퍼센트)'이 꼽혔다. 반면에 우수 인재 선점을 위한 채용이나 산업 호황에 따른 채용은 매우 낮은 비율을 보였다. 경영 불확실성 속에서 꼭 필요한 인력만 뽑는 기업이 많다는 의미로 해석할 수 있다.

한편 기업들의 신중한 채용이 이어지는 와중에도 여전히 '귀한 몸'으로 여겨지는 사람들이 있다. 바로 개발 직군과 4~9년 차의 인재들이다.

HR 담당자 설문 조사 결과 37.2퍼센트가 개발 직군 채용에 어려움을 겪고 있다고 답했다. 제2 벤처 붐에서 시작된 개발자 채용 전쟁이 여전히 이어지고 있는 것이다. 또한 전체 직군을 통틀어 채용이 가장 어려운 연차로는 4~6년 차(45.4

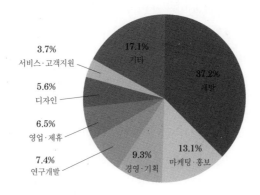

요즘 채용이 가장 어려운 직군은?

- 3.7% 서비스·고객지원
- 5.6% 디자인
- 6.5% 영업·제휴
- 7.4% 연구개발
- 17.1% 기타
- 37.2% 개발
- 9.3% 경영·기획
- 13.1% 마케팅·홍보

* 출처: 원티드랩

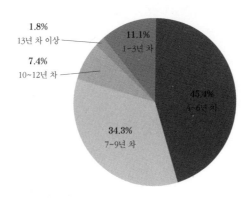

요즘 채용이 가장 어려운 연차는?

- 1.8% 13년 차 이상
- 7.4% 10~12년 차
- 11.1% 1~3년 차
- 45.4% 4~6년 차
- 34.3% 7~9년 차

* 출처: 원티드랩

퍼센트)와 7~9년 차(34.3퍼센트)가 꼽혔다. 이들은 실무에 바로 투입할 수 있으면서도 10년 차 이상의 시니어에 비해 연봉에 대한 부담이 덜해 기업들의 채용 경쟁이 집중되는 것으로 보인다.

이직러를 잡는 방법

그렇다면 기업들이 채용 시장에서 인기 있는 직군·연차의 인재를 선점하기 위해 어떤 노력을 하고 있는지 살펴보자. HR 담당자들을 대상으로 채용이 어려운 직군·연차 영입을 위해 하는 활동을 질문한 결과, '채용 채널 확대 및 변경(65.6퍼센트)', '사내 추천 장려(59.1퍼센트)', 그리고 '채용 브랜딩 강화(51.6퍼센트)'가 가장 많은 표를 얻었다.

풍부하고 퀄리티 있는 인재풀을 확보하는 것이 성공적인 채용의 핵심 조건인 만큼, 채용 채널 확대 및 변경은 기업들이 가장 먼저 시도할 수 있는 방법이나. 또한 사내 추천은 어느 정도 검증된 인력을 구할 수 있어 기업들이 선호하는 채용 방식으로 꼽힌다. 최근에는 사내 추천으로 합류할 시 입사자와 추천인에게 별도의 보상을 주는 등 사내 추천을 적극 장려하는 경우를 쉽게 찾아볼 수 있다.

한편 점점 더 많은 기업이 장기적인 관점에서 '일하고 싶은 기업'이라는 이미지를 구축하기 위해 채용 브랜딩에 힘

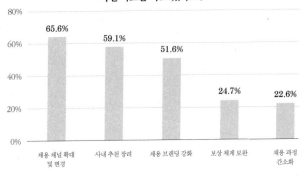

**채용이 어려운 직군, 연차의 인재를 영입하기 위해
어떤 시도를 하고 있나요?**

- 채용 채널 확대 및 변경: 65.6%
- 사내 추천 장려: 59.1%
- 채용 브랜딩 강화: 51.6%
- 보상 체계 보완: 24.7%
- 채용 과정 간소화: 22.6%

* 출처: 원티드랩, 단위: % (복수 응답 가능)

쓰는 추세다. 다양한 SNS 채널을 통해 자연스럽게 잠재적 지원자들과 관계를 쌓아 가는 것은 물론이고, 자체적인 채용 페이지를 개설해 조직 문화를 소개하는 콘텐츠나 현직자 인터뷰, 지원자를 위한 팁 등을 제공한다. 집중 채용이 필요한 직군이나 연차를 대상으로 채용 설명회 등을 개최해 구직자들과 한층 더 밀접한 관계를 맺기도 한다. 공개 채용의 시대처럼 구직자들이 알아서 찾아오기를 기다리기보다, 온·오프라인에서 구직자들과의 접점을 넓히기 위해 적극적으로 노력하는 것이다.

TREND ; 복지는 못 참지

인재 영입을 위한 기업들의 노력 중 빼놓을 수 없는 것이 바로 복지다. 연봉 인상에는 한계가 있는 만큼, 직장 생활의 만족도를 높여 주는 복지 제도를 또 다른 혜택으로 내세우는 것이다. 원티드에 등록된 채용 공고를 바탕으로 많은 회사가 공통적으로 제공하고 강조하는 복지를 정리했다.

지난 2021년부터 2023년 상반기까지 기업들이 채용 공고에 등록한 복지 태그[31]를 분석한 결과, 기업에서 가장 많이 제공하는 복지 세 가지는 건강 검진, 보너스(성과급+상여금), 그리고 재택근무로 밝혀졌다. 이직 시장에 나선 직장인의 선택을 받기 위해서는 건강 관리와 기여에 따른 보상, 자율적인 근무 환경을 먼저 갖춰야 한다는 의미다. 특히 재택근무의 경우 대부분 기업에서 팬데믹을 계기로 도입했지만, 이후 이것이 IT 기업과 스타트업에서 일종의 문화로 자리 잡으며 여전히 복지 순위에서 상위권을 차지하고 있다.

(왼쪽부터) 정원석 매니저, 이선민 리드, 고승우 디렉터 ⓒ원티드랩

INSIGHT: 회사 안 인재와 회사 밖 인재, 모두 잡는 방법은?

인터뷰이: 고승우(콜랩코리아 HR 디렉터), 이선민(요기요를 서비스하는 위대한상상 Culture팀 리드), 정원석(카카오뱅크 Culture팀 매니저)

이직 시장에 찾아온 변화를 가장 빠르게, 그리고 생생히 느끼는 사람들은 바로 기업의 HR 담당자들일 것이다. 기업과 구직자의 움직임 모두 예측하기 어려운 대이직 시대, 그들은 어떤 문제에 집중하고 있을까? 현업에서 활발히 활동하는 HR

담당자 3인과 함께 대이직 시대에 필요한 HR 전략에 대해 이야기를 나눴다.

> 2021년부터 '대퇴사 시대' 혹은 '대이직 시대'라는 표현이 활발히 사용되기 시작했는데요, 이 시기를 기점으로 HR 전략에 있어 달라진 부분이 있다면요?

고승우(이하 '고') 기업들의 채용 방식이 대규모 공개 채용에서 수시 채용으로 완전히 기우는 결정적인 계기가 된 것 같습니다. 이직률이 높아지다 보니 다음번 공채 시즌까지 기다렸다가 사람을 뽑기엔 당장 인력이 부족한 상황이 발생한 거죠. 이에 따라 채용에 관한 관점이 달라졌어요. 과거에는 가능성을 지닌 인재를 뽑아 긴 호흡으로 교육하고 양성해 나갔는데, 이제는 그런 식으로 하면 기껏 교육해 놓으면 다른 회사에서 더 높은 연봉을 주고 데려가 버리곤 합니다. 자연스레 채용할 때 지원자가 가진 잠재력보다는 해당 포지션에 필요한 경력이나 스킬셋을 갖추었는지를 중점적으로 보게 됐죠. 또 많은 기업이 인재들에게 매력적인 회사로 보이기 위해서 승진 제도나 보상 체계를 개편했어요. 가령 장기 근속 포상 기준을 5년에서 3년으로 단축하는 등 구성원들이 더 짧은 시간 안에 베네핏을 얻을 수 있는 방향으로 바뀌었어요.

이선민(이하 '이') 대기업의 경우 대부분 직급별·연차별 연봉이 정해져 있었는데, 대이직 시대가 오면서 이것이 많이 흔들렸어요. 좋은 인재들을 데려오려면 그들의 눈높이에 우리 회사를 맞춰야 하니까요. 동시에 '구성원 경험'이라는 개념이 중요해졌습니다. 어떤 인재도 놓치지 않기 위해서 구성원들의 몰입도를 높일 방법과 함께 우리 회사에서만 줄 수 있는 차별화된 경험이 무엇인지 고민하게 됐어요. 현재 구성원들이 조직 생활을 어떻게 느끼고 있는지 정기적으로 체크하고 바꿀 수 있는 것은 바로바로 바꾸기 시작했죠.

정원석(이하 '정') 요즘은 이직을 준비할 때 여러 기업을 동시에 지원하는 경우가 많기 때문에 회사가 지원자의 선택을 받아야 하는 입장이 됐어요. 특히 경력직 채용이 주가 되면서 그들에게 긍정적인 채용 경험을 주는 것이 중요해졌죠. 가령 카카오뱅크에서는 경력직 영입 리드 타임을 줄이기 위해 채용 대시보드를 만들어서 전형별로 병목 지점을 찾아보고, 채용 과정을 효율화했어요. 일부 경력직에게는 연차 사용에 대한 부담을 줄이기 위해 하루에 1, 2차 면접을 끝내는 원데이 면접을 실시하기도 하고요.

© 원티드랩

한편 2023년 들어 경기 침체로 인해 지난 몇 년에 비해
이직 러시가 주춤했다는 의견도 있습니다. 현업에서 체
감하는 이직 시장의 상황은 어떤가요?

정 채용 규모 자체는 줄었지만, 여전히 각 회사가 필요한 인재
를 찾기 위해 고군분투하고 있습니다. 적게 뽑더라도 좋은 사
람을 뽑고 싶은 거죠. 자연스레 지원자를 볼 때 포지션에 맞는
역량을 충분히 갖추었는지 더 꼼꼼히 체크하게 됐어요. 구직
자들 사이에서도 이전보다 안정적인 회사를 선호하는 경향이
강해진 것 같아요.

고 얼마 전까지만 해도 시니어나 핵심 포지션에 있는 사람들은 회사가 조금만 마음에 안 들어도 이직을 선택했는데, 최근에는 지금보다 못한 회사로 가게 되는 것에 대한 불안감 때문에 이직을 신중하게 결정하게 됐어요. 채용 담당자 입장에서는 이직 시장에 나오는 인재의 모수 자체가 줄어든 셈이죠. 특히나 콜랩코리아 같은 스타트업에서는 경력직 채용에 더 큰 어려움을 겪고 있고요. 이직 시장에 나온 극소수의 핵심 인재들은 오히려 잡 쇼핑을 하듯 회사를 고를 수 있게 된 것 같아요.

최근의 채용 경향에서 눈에 띄게 달라진 점이 있다면 무엇인가요?

이 제가 속한 IT 업계는 특히나 경기를 많이 타는 편이에요. 2022년까지 개발자 채용에 집중했다면, 경기 침체가 온 지금은 재무나 퍼포먼스 마케팅 등 숫자를 만들어 낼 수 있는 분야에서 인력 수요가 커졌어요. 같은 맥락에서 데이터 전문가의 인기도 높아졌고요.

고 확실히 즉시 수익을 끌어올릴 수 있는 인력에 집중하게 됐어요. 이전에는 일단 능력 있는 사람들을 뽑아 놓고 나중에 기회가 왔을 때 그들이 활약하기를 기대했다면, 이제는 말 그대로 계산기를 두드려서 당장 어느 정도 수익을 낼 수 있는지 냉철하게 따져 봅니다. 예를 들어 10억짜리 프로젝트를 맡아서 진행할 수 있는 사람이라면, 수익이 그 사람의 인건비를 상쇄할 테니 채용할 가치가 있는 거죠.

현재 인재 채용과 관련해 가장 고민되는 부분은 무엇인가요?

정 완전히 새로운 인재풀을 확보할 방법을 고민하고 있어요. 다시 말해 그동안 이직 시장에 나오지 않았거나, 카카오뱅크에 한 번도 지원하지 않았던 사람들이 우리 회사에 지원하게끔 하는 거예요. 이를 위해 일정 기간 동안 특정 직무에 대한 정보를 집중적으로 전달하고 전형 일정을 단축해 빠르게 채용하는 '하이라이트 채용'을 진행하고 있습니다. 지원자들의 심리적 부담감을 줄여 주는 동시에 회사에서 이 직무를 중요하게 생각한다는 것을 보여 주는 거죠.

고 지원자의 역량을 판단하는 과정이 가장 까다롭습니다. 매번 경력과 레퍼런스 체크 등을 바탕으로 이 사람이 제 역할을 해 줄 것이라는 기대를 하고 채용하지만, 실제로 실무에 투입

ⓒ원티드랩

됐을 때 좋은 퍼포먼스를 낼 수 있다는 보장은 없거든요. 어떻게 하면 채용 과정에서 이 사람이 적격이라는 확신을 얻을 수 있을지 늘 고민합니다. 제가 확신이 있어야 경영진도 최종 의사 결정을 할 수 있을 테니까요.

각종 조사에 따르면 MZ세대 직장인의 주된 퇴사/이직 이유는 바로 '보수'라고 합니다. 인재 확보를 위해 보상 체계를 어떻게 관리해야 할까요?

정 요즘 직장인들에게는 '내가 하는 일이 충분히 인정받고 기여한 만큼 보상을 받느냐'가 중요한 것 같아요. 절대적인 연봉 액수는 한계가 있기도 하고, 사람마다 다르게 받아들일 수밖에 없어요. 따라서 단순히 연봉 액수를 높이기보다 구성원들이 기여한 만큼 공정하게 보상해 주는 체계를 마련하는 것이 핵심이라고 생각합니다.

이 '회사가 평가하는 나'와 '내가 평가하는 나' 사이에 간극을 줄이는 것이 가장 중요하다고 생각해요. 위대한상상의 경우 본인이 어떤 성과를 냈으며, 그것이 기대 수준에 얼만큼 부합하는지 체크할 수 있도록 수시 피드백을 하고 있습니다. 1on1 등을 통해 구성원들이 편안한 분위기에서 각자의 기대치와 목표 도달률을 확인하게끔 하고요.

연봉만큼이나 직장 생활 만족도에 큰 영향을 주는 것이 조직 문화일 텐데요, 이와 관련해서 어떤 시도를 하고 있나요?

정 조직 문화의 핵심은 '회사와 구성원이 같은 곳을 보며 달리고 있는가'라고 생각해요. 즉 구성원들이 회사의 비전과 방향성을 투명하게 공유받고 잘 이해하는 것이 중요하죠. 그럴 때 자신이 하는 일이 회사에 어떤 임팩트를 줄 수 있는지 고민하고, 한층 더 주도적으로 일할 수 있게 될 테니까요. 카카오뱅크의 경우 단기간에 규모가 커진 만큼, 회사와 구성원 간의 접점을 넓히기 위해 더더욱 노력하고 있어요. 대표적으로 주요 서비스의 상황과 새롭게 준비 중인 서비스 등을 시의성 있게 공유하고 구성원 간에 응원을 주고받는 프로그램, 'AA(Alignment Activities)'를 시행 중이에요. 또 매월 1일 CEO Daniel과 함께 지난달의 성과를 공유하고 앞으로 집중해야 할 이슈 등에 대해 싱크를 맞추는 '일톡'도 진행하고 있습니다.

이 위대한상상에는 '요기문화 TF'가 있습니다. 우리 회사만의 문화를 만들어 가는 TF로, 구성원들의 자발적인 지원을 받아 꾸렸어요. 격주로 모여서 구성원들의 몰입도를 높일 방법을 고민하고, 개선해야 하는 이슈를 도출하죠. 요기문화 TF를 운영하면서 확실히 인사팀에서 일방적으로 만든 제도나 이벤트보다는 구성원들이 함께 만든 것이 훨씬 더 큰 무게감을 지닌다는 것을 실감해요. 실제로 요기문화 TF에서 기획한 행사나 콘텐츠에 많은 구성원이 관심과 응원을 보내 주고 있어요.

고 조직 문화를 개선할 때는 '이게 될까?' 싶은 것도 우선 시도해 보는 것이 중요하다고 생각해요. 재택근무만 해도 몇 년 전까지 어떻게 집에서 일하는 것이 가능하냐는 인식이 강했지만, 팬데믹 이후 반강제적으로 도입해 보니 생각보다 잘 돌아갔던 것처럼요. 콜랩코리아에서는 재택근무뿐만 아니라 한국과 시차가 3시간 이내라면 어디에서든 자유롭게 일할 수 있는 워케이션 제도를 실행 중입니다. 리텐션을 높이기 위해 근속 연수 1년마다 워케이션 기간이 1주씩 늘어나도록 했죠. 새로운 시도에 대한 HR팀과 경영진의 열린 시각과 구성원들에 대한 신뢰가 있기에 가능한 제도인 것 같아요.

이직 시장, 앞으로는 어떻게 흘러갈까요? 또한 그에 따른 HR의 과제는 무엇일까요?

정 당장은 기업들이 적극적으로 채용에 나서기 어렵겠지만, 이런 시기일수록 인재들을 향한 메시지를 계속 내보내야 한다고 생각해요. 그들이 이직을 고려하게 됐을 때 우리 회사를 가장 먼저 떠올릴 수 있도록 장기적인 관계를 형성해 나가야 하죠. 그러기 위해서는 단순히 채용 팀만 열심히 해서는 안 되고, DevRel(Developer Relation) 등 현업 팀과의 협력이 필요해요. 물론 현업에서는 채용 관련 캠페인이나 이벤트 등이 당장 불필요하다고 여길 수도 있겠지만, 그 필요성을 충분히 전달하고 그들을 설득하는 것이 HR의 과제라고 봅니다.

이 무엇보다도 시나리오 플래닝이 필요한 시기인 것 같아요. 고성장기에 필요한 HR 전략과 경기 침체기에 맞는 HR 전략을 각각 준비해야 하죠. 현재와 같이 경기 침체기를 지날 때 인재풀을 확보할 방법부터, 다시 고성장기가 왔을 때 필요한 인력을 끌어올 방법까지 미리 준비해 둬야 앞으로 어떤 상황이 오든 잘 대처할 수 있을 거예요.

고 요즘 세대는 한 조직에 자신의 미래를 고스란히 맡기기보다, 여러 직장을 거치면서 다양한 경험을 쌓고 능력을 키워서 필요한 순간에 언제든 다른 회사의 문을 두드릴 수 있도록 준비하는 경향이 있어요. 여기에 따른 HR의 첫 번째 과제는 확실하고 공정한 보상 시스템이라고 생각합니다. 그 밖의 제도를 설계하고 운영할 때도 구성원의 입장에서 일 자체의 의미와 워라밸, 성장 가능성 등 다양한 요소를 고려해야 해요. 또 MZ세대를 특이한 세대로만 바라볼 것이 아니라, 비즈니스의 최전선에 있는 사람들로 인정할 필요가 있어요. 나아가 MZ세대가 행복하게 일하기 위해 무엇이 필요한지 고민하고, 그들이 선호하는 회사로 거듭나기 위해 노력해야 하죠. 앞으로 HR이 해결해야 할 과제의 해답은 바로 여기에 있을 테니까요.

에필로그

이직의 문은
닫히지 않는다

대이직 시대에 이직은 조직에서 탈출하는 것이 아닌 기회를 찾아 떠나는 일을 의미합니다. 이직을 통해 단순히 회사를 옮기는 것을 넘어, 새로운 환경에서 지식과 경험을 확장하며 성장할 수 있는 시대임을 실감하게 해 주는 책입니다.

— 백종화(그로플 대표, 《요즘 팀장은 이렇게 일합니다》 저자)

《대이직 시대》는 불과 2~3년 사이 급변한 채용 시장 속에서 불안감에 빠진 직장인과, 우리 회사에 딱 맞는 인재를 찾을 방법을 고민하는 HR 담당자를 위한 책이다.

이 책의 초안이 된 HR 트렌드 리포트 〈리포트 일:대이직 시대〉를 제작하던 2022년 말까지만 해도 채용 시장은 그 어느 때보다 뜨거운 모습이었다. 기업들은 인재를 모셔 가기 위해 너도나도 연봉을 올리고, 복지도 대폭 확대하며 저마다 특별한 조직 문화를 내세웠다. 우리는 직장인들이 이직을 통해 자신의 가치를 올리는 대이직 시대의 흐름에 올라타길 바랐다. 능력 있는 인재들이 이직 시장에 나와 자신의 커리어를 더 성장시킬 수 있는 기업에 합류하고, 기업은 이들을 통해 더 발전하는 선순환을 만드는 데 기여하고자 했다. 그래서 어떤 사람들이 대이직 시대를 주도하는지, 또 일명 '프로이직러'라 불리는 이들은 어떤 노하우를 갖고 있는지를 리포트에 담았다.

하지만 불과 1년 사이 경제 상황이 변화하면서 뜨겁기만 하던 이직 시장의 분위기가 달라졌다. 작년까지 서로 이직을 권하던 직장인들은 올해 들어 '일단은 버티자'는 격려 아닌 격려를 주고받게 됐다. 이런 시기에 '대이직 시대'라는 주제로 책을 내는 것이 적합할지 고민했던 것도 사실이다. 공고 수, 지원 수, 합격 수와 같이 채용 현황과 직결된 지표가 주춤한 지금, 누군가는 대이직 시대라는 주제에 의문을 품을 수 있기 때문이다. 그럼에도 이 책을 펴내기로 결정한 것은 원티드랩이 다름 아닌 HR테크 기업이기 때문이다.

원티드랩에는 각종 HR 데이터가 숨 쉬듯 흐르고 있다. 따라서 일을 둘러싼 변화를 누구보다 빠르고 섬세하게 포착할 수 있다. 원티드랩이 보유한 기업 고객과 유저의 데이터를 따라가다 보면 자연스럽게 변화가 드러난다. 원티드랩의 수많은 데이터, 그리고 다른 HR 기업 및 정부 기관 등의 데이터를 기반으로 살펴보았을 때 대이직 시대는 이미 거스를 수 없는 사회 현상이다. 경기에 따라 좀 더 활발해지거나, 덜 활발해지는 정도의 차이가 있는 정도다. 문이 활짝 열려 있느냐 반쯤 열려 있느냐 같은 차이라고나 할까.

채용 시장의 일시적인 분위기를 떠나서, 이 책을 읽은 직장인들이 '이직의 문은 언제나 열려 있으며, 결국 우리는 이직을 통해 커리어 성장을 이어 나갈 것'이라는 메시지를 얻기를 바란다. '이직移職'이라는 단어의 의미처럼 우리의 커리어 성장은 회사를 옮기는 형태일 수도 있고, 직무를 바꾸는 방식일 수도 있다. 이런 가능성을 발견하는 데서 나아가 자신에게 필요한 이직의 방향성까지 고민해 보는 계기가 된다면 더욱 기쁠 것이다. 한편 또 다른 핵심 독자인 HR 담당자들에게는 이 책이 성공적인 인재 채용에 대한 힌트가 되었으면 한다. 이직에 대한 직장인들의 수요와 심리를 바탕으로 최적의 인재 확보 전략을 수립하고, 이것이 조직의 건강한 성장으로 이어지기를 바란다.

원티드랩은 채용 서비스뿐만 아니라 교육, 프리랜서 매칭, HR 솔루션 등 전방위적인 HR 서비스를 제공하고 있다. 그리고 여기에서 비롯된 HR 데이터는 지금 이 순간에도 차곡차곡 쌓이고 있다. 채용 시장을 넘어 일의 다양한 면면을 아우르는 이야기로 더 많은 이를 만날 수 있기를 소망하며 책을 마무리한다.

주

1 _ KPR 인사이트 트리, 〈대퇴사 시대에 필요한 HR 전략〉, 2023.

2 _ 엠브레인 트렌드모니터, 〈이직의향 및 '조용한 사직(Quiet quitting)' 관련 인식 조사〉, 2023.

3 _ 채용 매칭 시장 규모는 2020년 통계청 전체 이직 수를 원티드 직군 기준으로 재정리한 후 추정한 것이다. 채용 포털사의 채용 광고 공고 수와 헤드헌팅 공고수의 비율을 바탕으로 전체 이직 시장이 구성된다고 가정해 채용 매칭으로 이직하는 이직 수를 추정했다. 2020년 이후 시장 규모에는 연간 임금 상승률을 반영했다.

4 _ 대학 졸업 후 첫 직장에 입사하는 것을 고려해, 20대 데이터는 25~29세로 한정했다.

5 _ 통계청, 〈경제활동인구조사〉, 2023, 첫직장 근속 기간

6 _ 블라인드, 〈블라인드 지수 2022〉, 2023.

7 _ 잡플래닛, 〈2022헤드헌터가 말한다〉, 2022.

8 _ 리멤버, 〈경력직 스카우트 트렌드〉, 2022.

9 _ 잡플래닛, 〈요즘 직장인 이직 상담소〉, 2021.

10 _ 통계청, 〈경제활동인구조사 청년층 부가조사 결과〉, 2023.

11 _ 한국방송공사, 〈청년층 퇴사에 대한 인식조사 보고서〉, 2022.

12 _ 잡플래닛, 〈2023 이직 시장 트렌드〉, 2023.

13 _ 잡코리아, 〈직장인 연봉협상 현황〉, 2023.

14 _ 딜로이트, 〈딜로이트 2023 글로벌 Gen Z & Millennial 서베이〉, 2023.

15 _ 입소스, 〈Hybrid Working : The never ending search for right approach〉, 2022.

16 _ 인크루트, 〈재택근무 관련 설문조사〉, 2023.

17 _ 입소스, 〈Hybrid Working : The never ending search for right approach〉, 2022.

18 _ SaaS(Software as a Service)는 클라우드 환경에서 운영되는 애플리케이션 서비스를 말한다.

19 _ 1951년 미국의 심리학자 로저 버크만이 개발한 업무 성향 검사. 근무 중 마주하는 다양한 상황에 개인이 어떻게 반응하는지 진단하고, 이를 바탕으로 적합한 직무나 업무 수행 방식을 알아본다. 네 가지 색을 사용해 개인의 흥미와 평소 행동(강점), 욕구, 스트레스 상황에서의 행동을 보여 주며, 조직에서의 대인 관계와 업무 처리 방식까지 파악할 수 있다.

20 _ 갤럽, 〈State of the Global Workplace: 2023 Report〉, 2023.

21 _ 펄스 서베이(Pulse Survey)는 짧은 주기로 시행하는 사내 설문 조사로, 하나의 주제에 초점을 맞춰 10개 이내의 문항으로 구성한다.

22 _ 팀 헬스 체크(Team Health Check)는 구성원들의 감정 상태를 시각화해 조직의 건강도를 점검하는 조사 방식을 말한다.

23 _ 2021년 4월 말, 중소벤처기업부가 '제2벤처 붐'이 도래했다는 분석 결과를 발표했다. 제1벤처 붐이 있었던 2000년 당시 신설 법인 수 6만 개에서 2020년 12만개, 벤처 투자액은 연간 2조 원에서 4.3조 원으로 늘어나는 등 주요 지표가 두 배 이상 증가했다는 것이 발표의 골자다. 이러한 제2벤처 붐은 소프트웨어 창업 활성화에 따른 것으로 분석된다. 디지털 전환의 영향으로, 2017년 이후 AI · 빅데이터, 가상융합현실(XR), 사물인터넷(IoT), 핀테크 등 SW기술 창업의 비중이 확대되고, 공유경제 활성화와 코로나19 확산으로 인한 비대면 경제 가속화로 '서비스플랫폼–서비스 · 상품 중개' 창업이 증가했다. (소프트웨어정책연구소, 〈제2의 벤처 붐이 멋진 추억이 되려면〉, 2021.)

24 _ 소프트웨어정책연구소, 〈제2의 벤처 붐이 멋진 추억이 되려면〉, 2021.

25 _ 잡코리아, 〈직장인 81.3% "지금 직장 '평생직장'이라고 생각 안 해〉, 2021.

26 _ 엠브레인 트렌드모니터, 〈직장인 '조기 퇴사' 및 '정년' 관련 인식 조사〉, 2022.

27 _ KBS, 〈청년층 퇴사에 대한 인식조사 보고서〉, 2022.

28 _ 한국소프트웨어산업협회, 〈2022년 적용 SW기술자 평균임금 공표〉, 2022.

29 _ 한국소프트웨어산업협회, 〈2023년 적용 SW기술자 평균임금 공표〉, 2022.

30 _ 한국고용정보원, 〈중장기 인력수급전망 2020-2030: 미래 일자리 세계의 변화〉, 2023.

31 _ 원티드에 채용 공고 등록 시 기업 담당자는 복지, 인원 성장률, 연봉 등과 관련된 태그를 선택해 입력할 수 있다. 여기서는 복지 태그를 바탕으로 기업 복지 제공 현황을 분석했다.

직장이 아닌
나를 찾는 이직

밀레니얼 세대와 Z세대는 불확실함을 즐기지 않는 세대다. 물건을 하나 사는 데도 MZ세대 소비자는 제품과 가격에 대한 정보를 수집하는 데 매주 평균 한 시간 이상을 썼다. 지금이 너무 불안한 시대라서 그렇다. 생애주기는 흔들리고 인플레이션은 치솟는다. 당장 내일의 일도 예상하기 쉽지 않다. 예측 불가능한 시대에서 믿을 수 있는 건 자신이 걸어온 길과 걸어갈 미래다. 그래서 이직은 매력적인 선택지다. 나를 믿고 택할 수 있는, 가장 효용성이 높은 선택지이기 때문이다.

그럼에도 불구하고 불안한 건 여전하다. 이직이라는 것 자체가 타인과 공유하기 껄끄러운 주제라 그렇다. 하루 여덟 시간, 일주일에 5일을 같이 보내는 같은 회사 사람들에게 고민을 털어놓기는 어렵다. 퇴근 후 시간을 써서 같은 상황의 다른 이들이 어떤 선택을 하는지를 들여다보는 것도 쉬운 일은 아니다. 이직은 아직 '알아서 잘해야 하는 일'로 남겨져 있다. 가격과 제품 정보가 모두 주어진 지금의 상황과는 사뭇 다른 것이다. 불안한 시대의 불안한 이직이다. 《대이직 시대》는 불확실함의 불안함에서 탈출하고 싶은 이들을 위해 시작한 책이다. 책에서는 누가 이직을 바라는지, 이직자를 받아들이는 이들의 마음은 어떤지, 똑똑한 이직 방법은 무엇인지를 데이터를 통해 살핀다.

이직의 당사자가 아닌 이직자를 잡고자 하는 조직 입장

에서도 이직의 물살을 살피는 일은 중요하다. 그를 위해서는 대이직 시대의 중심축인 MZ세대를 바라봐야 한다. 지금의 직장인은 평생직장에서 정년과 승진을 바라보던 과거의 직장인과 다르다. MZ세대는 자신의 지향과 회사의 목표를 중시하고, 승진을 바라지 않는다. 복지와 조직 문화도 기업을 평가하는 주요한 기준 중 하나다. 이런 MZ세대의 달라진 니즈를 빠르게 파악하지 못한다면 대이직 시대에서 점차 뒤처질 수밖에 없다. 미래의 인재는 빠르게 잡아야 한다.

분석의 끝에는 조용한 변화가 눈에 띈다. 이직자를 바라보는 사회의 시선뿐 아니라 이직자 자신의 태도도 과거와는 크게 달라졌다. 대이직 시대의 이직은 단순히 이전의 회사를 떠난다는 결단이 아닌 자신이 원하는 바를 더욱 정확히 찾아 나가는, 미세 조정의 과정에 가깝다. 지금의 MZ세대는 번아웃 세대라 불릴 정도다. 바쁘고 빠르게, 열심히 뛰어다닌다. 그만큼 이직에도 수많은 욕망이 엮여 있을 수밖에 없다. 욕망의 차원을 하나하나 풀어 나간다면, 이직은 '직장을 옮기는 것'만이 아닌 '자연스러운 자기 찾기'의 과정으로 남게 될 것이다. 그래서 이건 이직만의 이야기가 아니다.

김혜림 에디터